気持ちがスッと軽くなる

ブッダの言葉

イラスト図解

サダマシック・コンサーレ

宝島社

はじめに

夢や目標を実現するためならば、普段、想像もつかないような力が湧いてくる。そんな経験はありませんか？　ブッダはその不思議な力を、「化《け》城《じょう》こそ力」だと説きました。

仏教は私たち日本人にとって、最もなじみ深い宗教。その開祖であるブッダの言葉は、不思議と私たちの心にスッと染み入ってきます。

ちょっと疲れたな、と感じたとき。あと一歩、足を踏み出す勇気が欲しいとき。この本を開いてみてください。

本書ではブッダの言葉を、ほんわかやさしいイラストで紹介します。まずは心の趣くまま、ページを開いてみましょう。開くたびに、心を軽くしてくれる、温かい出会いが待っているはずです。

本書の見方

漫画またはイラスト

言葉について、ほのぼのとした漫画やイラストで表現しました。

ブッダの言葉

ブッダの教えをまとめた文献から、選りすぐりの言葉を紹介。

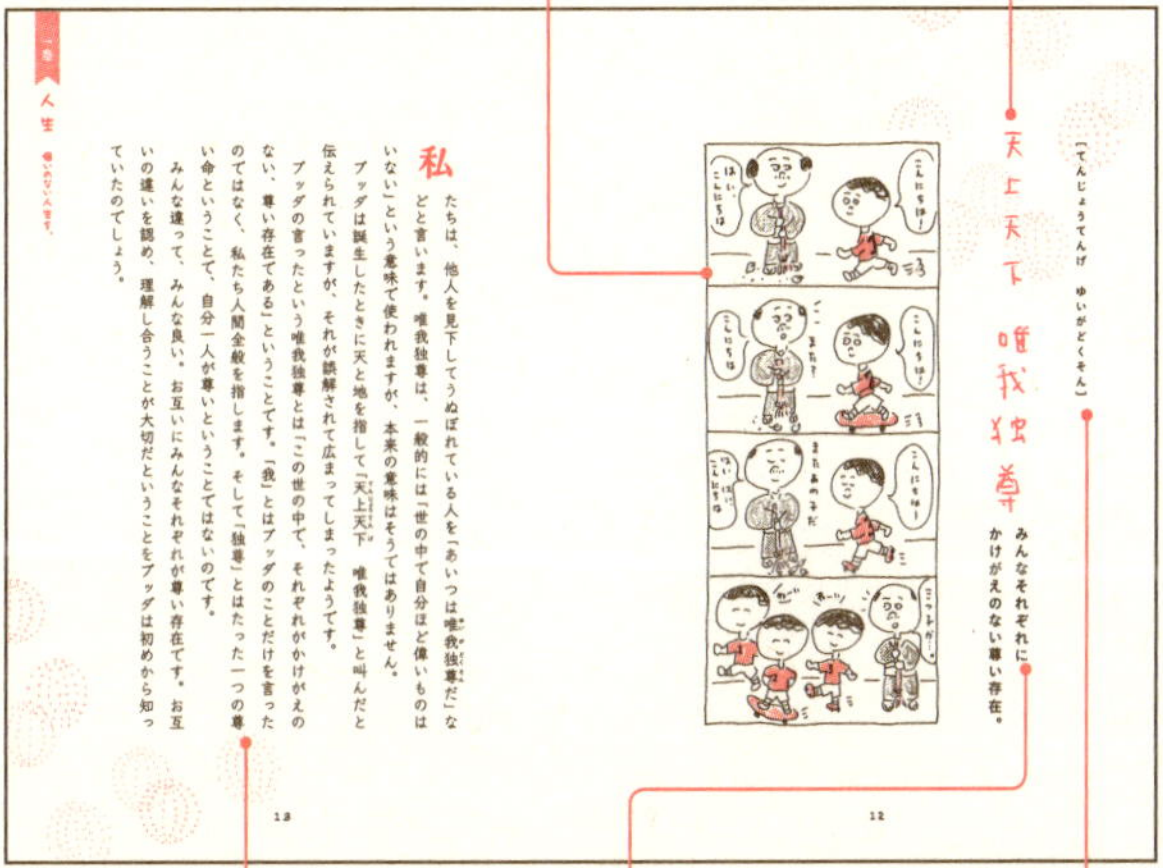

解説

言葉の意味や内容などを、わかりやすく解説します。

言葉の意味

言葉の意味を、わかりやすく簡潔に紹介します。

読み方

言葉の読み方、言葉が漢文の場合は読み下し文を書いています。

もくじ

一章 人生

天上天下　唯我独尊　012　【てんじょうてんげ　ゆいがどくそん】みんなそれぞれに、かけがえのない尊い存在。

人生の主　014　【じんせいのあるじ】あなたの人生は、あなただけのもの。

諸法は意に成る。意こそは諸法を統ぶ　016　【すべてはおもいになる。おもいこそはすべてをすぶ】今の気持ちが、明日のあなたを作っている。

生死即涅槃　018　【しょうじそくねはん】悔いのない人生を送ろう。

みずから自分を励ませ。みずから自分を反省せよ　020　【みずからじぶんをはげませ。みずからじぶんをはんせいせよ】揺るぎない一本の軸を持とう。

最上の忍耐　022　【さいじょうのにんたい】相手によって態度を変えていませんか？

如実如自心　024　【にょじつにょじしん】相手を通して見えるのは、虚像としての自分。

身口意の三業　026　【しんくいのさんごう】自分の心を見つめなおそう。

氷多きに水多し　028　【こおりおおきにみずおおし】煩悩の氷が多ければ、仏性の水も増す。

自己を征服せよ　030　【じこをせいふくせよ】「あなた」という一国の王。

生まれではなく、行為によって人は成り立つ　032　【うまれではなく、こういによってひとはなりたつ】大切なのは、何をするのか。それだけ。

すべてのものは滅びゆくものである、不放逸によりて精進せよ　034　【すべてのものはほろびゆくものである、ふほういつによりてしょうじんせよ】短い一生のうちに、何を遺すかが大切。

吾唯足知　036　【われただたるをしる】豊かな生活ではなく、豊かな心を持とう。

他の人たちが「安楽だ」と言うものを、聖者たちは「苦しみである」と言う　038　【ほかのひとたちが「あんらくだ」というものを、せいじゃたちは「くるしみである」という】執着を捨てることで、心は自由になる。

二章 成長

諦聴諦聴　善思念之 042 【たいちょうたいちょう　ぜんしねんし】
耳に痛い忠告は、あなたが成長するチャンスです。

自分を愛しいと知るならば、自己を守れ 044 【じぶんをいとしいとしるならば、じこをまもれ】
己の行動を律し、心の襟を正して。

逢仏殺仏、逢祖殺祖 046 【ほとけにおうてはほとけをころし、そにおうてはそをころす】
どんな大きな存在も、きっと越えられる。

もしも愚者がみずから愚であると考えれば、すなわち賢者である 048 【もしもぐしゃがみずからぐであるとかんがえれば、すなわちけんじゃである】
本当に賢い人は、未知の世界に気づいている。

化城こそ力 050 【けじょうこそちから】
強い思いは前へ進む原動力になる。

人生という水瓶を満たす水滴 052 【じんせいというみずがめをみたすすいてき】
たかが一滴。されど一滴。人生は積み重ねです。

過去を追ってはならず、未来を待ってはならない 054 【かこをおってはならず、みらいをまってはならない】
今、この一瞬を精一杯生きよう。

実りある道を進め 056 【みのりあるみちをすすめ】
利益や名声を追っていては、心の安らぎは得られない。

虚しく老いぼれた人 058 【むなしくおいぼれたひと】
ただ歳を重ねない。魅力的な自分を、作っていこう。

不殺生 060 【ふせっしょう】
食べ物に感謝していただきましょう。

愚近非法　久自焼没 062 【おろかなればひほうにちかづきひさしくみずからしょうもつす】
「人生が苦しい」と感じるのなら、生き方を変えよう。

心の畏るるべきこと毒蛇悪獣怨賊よりも甚だし 064 【こころのおそるるべきことどくじゃあくじゅうおんぞくよりもはなはだし】
欲で乱れた心は、何よりも恐ろしい。

何にも依存することなかれ 066 【なににもいぞんすることなかれ】
依存を捨てれば心が軽くなる。

怒りを捨てよ。慢心を除き去れ 068 【いかりをすてよ。まんしんをのぞきされ】
「怒り」も「慢心」も人を傷つける。

常懐悲感　心遂醒悟 070 【じょうえひかん　しんすいせいご】
悲しみはあなたを成長させる、人生の試練。

三章 決意

断捨離 074 【だんしゃり】
あらゆる執着に"さようなら"を。

愛より憂いは生じ、愛より不安は生ぜん 076 【あいよりうれいはしょうじ、あいよりふあんはしょうぜん】
身勝手な愛情はお互いを傷つけるだけ。

硬い岩のような心を持て 078 【かたいいわのようなこころをもて】
何物にも動じない強い心を持とう。

自燈明　法燈明 080 【じとうみょう　ほうとうみょう】
人に頼らず、自分の意思で前を見て生きよう。

独来独去　無一随者 082 【ひとりきたりてひとりさる ひとつもしたがうものなし】
どんなものにも、惑わされない自分でいよう。

絶えず沈黙の教えを実行せよ 084 【たえずちんもくのおしえをじっこうせよ】
偉そうなナマケモノにご注意を。

可耕心田 086 【かこうしんでん】
心の田畑を耕そう。

心より成る 088 【こころよりなる】
すべてを決めるのは自分の心。

他人を清めることはできない 090 【たにんをきよめることはできない】
がんばるのは「誰か」ではなく「自分」。

自己は自己のよるべなり 092 【じこはじこのよるべなり】
他人を信じるという言葉で、
自分の弱さを誤魔化さない。

心を濁らせるな 094 【こころをにごらせるな】
何を言われても凛としたあなたでいて。

傷なきところに毒はつかず 096 【きずなきところにどくはつかず】
つけいる隙を与えない。

陰徳は天地の光陰に勝る 098 【いんとくはてんちのこういんにまさる】
善行は人知れず行うからこそ美しい。

諸悪莫作 100 【しょあくまくさ】
悪いことはしない。当たり前のようで、実は難しいね。

四章 縁

因果応報 104
【いんがおうほう】
すべての行為が、未来に繋がっている。

他人の過去を見るなかれ 106
【たにんのかこをみるなかれ】
あなた自身の過去を見なおし、未来に生かそう。

怨みは怨みをもって
やむことなし 108
【うらみはうらみをもってやむことなし】
怨みや憎しみからは何も生まれません。
負の連鎖は断ち切って。

月を指せば指を認む 110
【つきをさせばゆびをみとむ】
話の本質を見誤らない。

蛇の頭尾ともに
前に在りと争う 112
【へびのとうびともにまえにありとあらそう】
我を押し通すと、幸せになれない。

友に非ず 114
【ともにあらず】
信頼の絆で結ばれる、それが「友達」です。

蜜蜂は花の色香を損なわずに、
蜜を取って花から飛び去る 116
【みつばちははなのいろかをそこなわずに、
みつをとってはなからとびさる】
「自分さえ良ければいい」というエゴを捨てよう。

幸福はいくら分け与えても、
減るということがない 118
【こうふくはいくらわけあたえても、
へるということがない】
広がり続ける、幸福の輪。

長者の万灯よりも、
貧者の一灯 120
【ちょうじゃのまんとうよりも、ひんじゃのいっとう】
何事にも真心を込めて行いましょう。

自他不二 122
【じたふに】
相手を自分のことのように
大切にできるあなたは素敵です。

物惜しむ貧しき心 124
【ものおしむまずしきこころ】
喜びも悲しみも分かち合おう。

おのれの得るところに
軽んずるなかれ 126
【おのれのえるところにかろんずるなかれ】
あなたが持っている素敵なものに、
もっと目を向けて。

犀の角のようにただ独り歩め 128
【さいのつののようにただひとりあゆめ】
一人生き抜く、強さを持とう。

明敏な友を得よ 130
【めいびんなともをえよ】
誰かといるから、変わっていける。

五章 真理

四苦八苦 134
【しくはっく】
人生とは苦しいもの。苦しいから、
そのあとの喜びもひとしお。

この世の中は暗黒である 136
【このよのなかはあんこくである】
自分の信念を貫いて。

傷つけるな 138
【きずつけるな】
人に悪意を持った瞬間、
あなたは人を傷つけている。

言葉はすべて天に吐かれる
仕返し。必ず汝の身に至らん 140
【ことばはすべててんにはかれる
しかえし。かならずなんじのみにいたらん】
言葉は巡り巡って自分に返ってくる。

ただ誹られるだけの
人はあるまじ 142
【ただそしられるだけのひとはあるまじ】
下らない悪口や噂話も、
あなたの力に変えてしまおう。

論争は虚しい 144
【ろんそうはむなしい】
心を乱す論争は、いっそやめてしまおう。

愛する人と会うな
愛していない人とも会うな 146
【あいするひととあうな
あいしていないひとともあうな】
愛情も憎しみも紙一重。感情を自分でコントロールしよう。

諸法無我 148
【しょほうむが】
他人の価値観のために、無理をしない。

楽園の在り処 150
【らくえんのありか】
大切な人がいる場所が、あなたにとっての楽園。

怨みを懐く者らの中に、
怨みを懐かず安楽に生きよう 152
【うらみをいだくものらのなかに、
うらみをいだかずあんらくにいきよう】
怨みを持たないことで不幸から身を守る。

人身受け難し 154
【じんしんうけがたし】
生まれたことに感謝して！

妻は夫に敬順すべし 156
【つまはおっとにけいじゅんすべし】
互いに尊重し合うことが、円滑な人間関係を築く
コツ。

法を見るものは我を見る 158
【ほうをみるものはわれをみる】
神仏は信じる者のそばにいる。

初めて発心したとき
すなわち正覚を成ず 160
【はじめてほっしんしたとき
すなわちせいかくをじょうず】
初心に返ろう。

六章 希望

欲深ければ禍い重し 164
【よくふかければわざわいおもし】
強すぎる「欲」は災難を招く。

愛欲の意を田と為し、
淫・怨・痴を種となす 166
【あいよくのこころをたとなし、
いん・おん・ちをしゅとなす】
悪の芽は、小さなうちに摘み取って。

三つの火 168
【みっつのひ】
煩悩から解放される方法。

無常 170
【むじょう】
明日を信じて！　希望を持って前進しよう。

少水の常に流るるは
則ち能く石を穿つ 172
【しょうすいのつねにながるるはすなわち
よくいしをうがつ】
努力は必ず報われる。

最大の名誉は
倒れないことではない。
倒れるたびに起き上がることである 174
【さいだいのめいよはたおれないことではない。
たおれるたびにおきあがることである】
勇気を出して！　行動することから始めよう。

一切衆生悉有仏性 176
【いっさいしゅじょうしつうぶっしょう】
誰にでも、無限の可能性がある。

有り難し 178
【ありがたし】
「ありがとう」の気持ち、忘れずに。

莫妄想 180
【まくもうそう】
どんな問題も「なんとかなる」。

慈眼視衆生　福聚海無量 182
【じげんにてしゅじょうをみれば
ふくじゅのうみはむりょうなり】
やさしい心で、接してみよう。

色かたちは自己ではない 184
【いろかたちはじこではない】
生まれ持ったものに、振り回されない。

眠れぬ人には夜は長く、
疲れた人には一里は遠い 186
【ねむれぬひとにはよるはながく、
つかれたひとにはいちりはとおい】
退屈や苦痛から抜け出すには、自分の心を変えてみよう。

求不得苦 188
【ぐふとくく】
求めても手に入らない苦しみと、しっかり向き合おう。

一切行苦 190
【いっさいぎょうく】
どんなに逃げても、苦しみからは逃れられない。

七章 番外編

同行二人 194 【どうぎょうににん】
あなたは決して、一人じゃない。

人皆己己の得たる所
一つ有るもの也 196 【ひとみなおのおののえたるところ
ひとつあるものなり】
取り柄がない人なんていない。

最下鈍の者も十二年を経れば
必ず一験を得 198 【さいかどんのものもじゅうにねんをへれば
かならずいちげんをう】
人生は積み重ね。

恰好 200 【あたかもよし】
「今日もすばらしい一日だった」と言ってみよう。

割鏡不照 202 【かっきょうふしょう】
反省ばかりでは前に進めないよ。

一大事今日只今心 204 【いちだいじとはこんにちただいまのこころなり】
今を精一杯生きる。

善人なおもて往生をとぐ、
いわんや悪人をや 206 【ぜんにんなおもておうじょうをとぐ、
いわんやあくにんをや】
救いは誰の下にも訪れる。

人の作法を選び、
わが身無作法の事 208 【ひとのさほうをえらび、わがみぶさほうのこと】
どんな意見でも聞き入れる、謙虚さを持とう。

知って聞くは愛なり 210 【しってきくはあいなり】
どんな話にも、うなずいてあげる優しさ。

朝には紅顔ありて
夕べには白骨となれる身なり 212 【あしたにはこうがんありて
ゆうべにははっこつとなれるみなり】
あなたに与えられた、限りある命。

共に是れ凡夫のみ 214 【ともにこれぼんぷのみ】
“自分が正しい”という思い込みを捨てよう。

一日作さざれば、
一日食らわず 216 【いちにちなさざれば、いちにちくらわず】
一日一度でいいから、
何かをしたと誇れる自分でいよう。

厭離穢土　欣求浄土 218 【え(お)んりえど　ごんぐじょうど】
あなたが動けば世界が動き出す。

那箇か是れ　精底ならざる 220 【なこかこれ　せいていならざる】
出会いを遠ざけないで。

一章

人生

悔いのない人生を。

天上天下唯我独尊

「てんじょうてんげ　ゆいがどくそん」

みんなそれぞれに、
かけがえのない尊い存在。

私たちは、他人を見下してうぬぼれている人を「あいつは唯我独尊《ゆいがどくそん》だ」などと言います。唯我独尊は、一般的には「世の中で自分ほど偉いものはいない」という意味で使われますが、本来の意味はそうではありません。

ブッダは誕生したときに天と地を指して「天上天下《てんじょうてんげ》　唯我独尊」と叫んだと伝えられていますが、それが誤解されて広まってしまったようです。

ブッダの言ったという唯我独尊とは「この世の中で、それぞれがかけがえのない、尊い存在である」ということです。「我」とはブッダのことだけを言ったのではなく、私たち人間全般を指します。そして「独尊」とはたった一つの尊い命ということで、自分一人が尊いということではないのです。

みんな違って、みんな良い。お互いにみんなそれぞれが尊い存在です。お互いの違いを認め、理解し合うことが大切だということをブッダは初めから知っていたのでしょう。

「じんせいのあるじ」

人生の主

あなたの人生は、
あなただけのもの。

ブッダの死が近くなったとき、弟子たちが「今後、私たちは何を頼りにして生きていけば良いのでしょうか」とぽつり、つぶやきました。するとブッダは「私を頼りにして生きていくことはない」とおっしゃいました。

誰よりも信じられるのは自分自身。自分を信じることもできないのに、他人を信じることなんてできませんよね。そう、自分にとっての一番の理解者は自分自身に他ならないのです。

ふと孤独を感じたとき、私たちはなにか大きな寂しさに駆られて、誰かにすがりつきたくなったり、頼りたくなったりします。時には自分を慕い、大切にしてくれる人と出会いたい、なんてことを考えることもあるでしょう。

もちろん、私たちは助け合って生きています。しかし、最後に決めるのは自分自身です。後悔するような結果になっても誰のせいにもできません。あなたは自分の人生を変える可能性を持っています。まずは自分を信じてください。

諸法は意に成る。意こそは諸法を統ぶ

【すべてはおもいになる。おもいこそはすべてをすぶ】

今の気持ちが、
明日のあなたを作っている。

この言葉は冒頭に「意《おもい》は諸法《すべて》に先立ち」と記されています。

頭の中のイメージや思考を基に、私たちは行動しています。ですから悪いイメージや思考で行動しても苦しみしか生みません。だからこそ、心をきよらかにすることが悟りへの道の始まりなのだ、と説いています。想像なくしては、創造もできません。

私たちの日常生活にある、ありとあらゆるものは、過去の誰かのイメージや思考が積み重なって具現化したもの。科学が発達していなかっ

た二五〇〇年以上も前に、ブッダがそんなふうに考えていたとは驚きですね。私たちの生活は意識が行動を作り、行動が習慣を作り、習慣が体質を作り、体質が運命を作ることで成り立っています。何事も、自身の心の持ち方次第ということ。

つまり、あなたが今何を思い、何を行うかで、あなたの人生はいかようにも変わっていくのです。だからブッダはそれを前向きに捉え「人生はあなたのお心次第ですよ」と言っているのです。

生死即涅槃

［しょうじそくねはん］

悔いのない人生を送ろう。

「生《しょう》死《じ》」とは、煩悩や迷い、苦しみの世界のことです。仏教では生まれては死に、死んでは生まれるという生死輪《りん》廻《ね》の世界を苦しみの世界と説いています。

「涅《ね》槃《はん》」とは、悟り、安楽の世界のことです。生死の苦しみは、種々の煩悩が元になって起こると考えられ、原始仏教ではその煩悩を断つことで生死の苦しみから脱却し、涅槃という悟りの世界へ至ると説かれてきました。

とはいえ煩悩を持つ一般人のあり方と、悟りを開いた仏の世界とは相対するものではありません。生死を繰り返す人間の生を離れて涅槃はなく、涅槃を離れた生死というものもない。実は同一の世界。これがこの言葉の意味です。

人生の楽しみは、苦しい思いをしてやっと手に入るからこそ価値があるもの。悩みのない人生なんて、味気ないものだと思いませんか？

日々の生活を、悩み、苦しみながらただただ真剣に取り組むこと。そんな当たり前の日常の積み重ねが幸せへと繋がっているのです。

「みずからじぶんをはげませ。
みずからじぶんをはんせいせよ」

みずから自分を励ませ。
みずから自分を反省せよ

揺るぎない一本の軸を持とう。

どんなにがんばっても、いつもそれが正しく評価されるとは限りません。そんなとき、周りからの反応に不満を感じたことはありませんか。

ブッダはそれを、他人に対する甘えだと説いています。

私たちは自分の行った行為の評価を、つい他人に委ねてしまいがち。ですが他人からの評価というものは、評価をする人の気分によっても左右されてしまう、移ろいやすいものです。さらに、自分では満足のいかない結果だとしても、他人から褒められるとそれで満足してしまい、反省する機会を奪われることにもなりかねません。

「誰かに認めてほしい」と思う気持ちもわかりますが、どんなときでも正しく評価することができるのは自分だけ、ということを忘れないでください。

「揺るぎない軸」を持つことができれば、他人の言動に一喜一憂させられることなく、心穏やかに過ごすことができるようになりますよ。

［さいじょうのにんたい］

最上の忍耐

相手によって態度を変えていませんか？

「忍耐」という言葉には、私たちが普段使っている言葉とは、少し異なる意味があります。

ブッダは「忍耐」のことを、苦しいことや辛いことを我慢して耐え忍ぶということではなく、心の平安や平和を常に保つことだと説いています。そうすることで、どんな苦難も素直に受け入れられる、心の余裕が生まれるのです。

嫌なことを言われて我慢していると、ふつふつと怒りが込み上げてきて、心の平安が保てなくなったりし

ませんか。それでは忍耐とは言えません。誰に何を言われても心の平安を乱さない。それが「忍耐強い」ということなのです。

しかし相手が尊敬する人や親しい友達ならまだしも、自分がバカにしている相手だとすぐに腹を立ててしまう。そんな人が多いようです。相手が誰であっても、心の平安を乱さない忍耐強さを身につけましょう。思わぬ人から最高のアドバイスを貰えるかもしれません。忍耐はあなたの可能性を広げます。

如実如自心
【にょじつにょじしん】

相手を通して見えるのは、
虚像としての自分。

この言葉の意味は「自分の心のあり方を正確に知る」ということ。自分の心を客観的に観察し、分析した上で正しく理解していく作業のことです。

私たちは悟りというと、ごく限られた人だけが到達できる遠い彼方を想像しがち。ですがブッダは悟るということを単純に、自らの心をあるがままに知ることであると説いています。

ですが自分自身ほど、わかりにくいものもありません。

なぜなら自分を知るための基準となるモノサシはいくつもあり、誰に聞いてもそのたびに、まったく異なる自分の存在に気づかされるからです。しかしそれは世間や社会という鏡に映し出された虚像。どれほど眼を凝らしても、そこに本当の自分の姿は見えてきません。

本当の自分とは、そうしたしがらみから解放され、自分だけを見つめたときにぼんやりと見えてくるのでしょう。そのくらい、無心になりたいものです。

身口意の三業

「しんくいのさんごう」

自分の心を見つめなおそう。

人のさまざまな行いを、仏教では「業《ごう》」と言います。業は仏教では身《しん》(行動)、口《く》(言葉)、意《い》(思いや考え)の三つに分けられ、これを身口意《しんくい》の三業《さんごう》と言います。「自業自得《じごうじとく》」という言葉がありますが、これら三つの行為が原因となり、その結果が自分に報いとなって返ってくるということを意味しています。善悪にかかわらず自分の行為が返ってくるわけですから、良い結果を望むなら、まずは自分の行為から改めなければなりません。

身口意の三業の中でも最も改めることが難しいのが「意」です。行動や言葉は意識するだけで改めることができますが、心の中まではそうはいきません。これまでの経験のすべてが、あなたの心を形づくっているからです。

今の行動を見つめなおすのと同じように、心の中を見つめなおしましょう。その行為の積み重ねが、きっとあなたに素晴らしい未来をもたらしてくれます。業と言うと逃れがたい重荷のように思われがちですが、そうではないのです。

氷多きに水多し

【こおりおおきにみずおおし】

煩悩の氷が多ければ、仏性の水も増す。

水と氷の違いは何でしょうか。

水に形はないが、氷には形がある。水は流れ、どんなところにも染み込むが、氷は流れず、染み込みもしない。水は草木を育てるが、氷は草木を傷めてしまう。

この言葉で言う氷とは煩悩を表し、水とは仏性、つまりは悟りの境地を表しています。この二つはまったく異なる性質を持っているように見えますが、実は同じものなのです。

水に浮かんだ氷はまっさきに目に入りますが、その下に水は確かに存

在し、氷は徐々に水に溶け、消えていきます。ですから日々の生活の中で煩悩に悩み苦しんでいるかたも、心配する必要はないとブッダは説いているのです。煩悩の氷が多ければ多いほど、悟りを開いたときの仏性の水はその量を増すのですから。

自分に対して厳しすぎる人は、自分のことを必要以上に責めてしまいがち。ですが、そうするとますますあなたの心は冷えきってしまいます。煩悩もひとつの心のあり方。受け入れる寛容さも必要ですよ。

【じこをせいふくせよ】

自己を征服せよ

「あなた」という一国の王。

もしあなたがどこかの国の王様なら、国民一人ひとりの声に耳を傾け、一所懸命に国を治めようとするでしょう。

ところがそれが自分自身の話になると、冷静に考えることができなくなってしまう人が多いようです。広い国で多くの国民を治めるのではなく、たった一人を治めればいいだけなのに、不思議ですよね。

自分という国を治めようと思ったら、まずは自分の心に耳を傾け、素直に向き合わなければなりません。

どんなに認めたくないことでも、それを否定ばかりしていては解決できないどころか、膨れ上がった不満がいつか、ストレスというクーデターを起こしてしまうでしょう。耳を塞いだり、ただ言うことを聞くのではなく、一国の王として自分と向き合う。それができれば、どんなことが起きても平常心を保っていられるはずです。

「うまれではなく、こういによってひとはなりたつ」

生まれではなく、行為に因って人は成り立つ

大切なのは、何をするのか。それだけ。

ブッダは「生まれによって賤《いや》しい人となるのではない。生まれによってバラモンとなるのではない。行為によって賤しい人ともなり、行為によってバラモンともなる」と、説いています。

ブッダが生きていた当時のインドはバラモン教が主流であり、生まれながらにして身分が決められる「カースト制」がありました。カースト制では五段階の身分に分けられ、それは一生変わらないものとして人々を差別社会に縛り付けていたのです。それは現代のインド社会においても息づくものであり、生まれによって人生を悲観して自殺するなど、多くの悲劇が生まれています。

ブッダは上から二番目に高い階級の出身でした。ですから、何もしなくても裕福な生活だってできたはずです。にもかかわらず、ブッダは自分の追い求める真理だけを信じ、古い社会体制に正面から立ち向かっていきました。だからこそブッダは、今日に至るまで多くの人から親しまれているのです。

「すべてのものはほろびゆくものである、ふほういつによりてしょうじんせよ」

すべてのものは滅びゆくものである、不放逸によりて精進せよ

短い一生のうちに、何を遺《のこ》すかが大切。

四

十五年間インド各地を巡歴し、数々の説法をしたブッダも八〇歳のときに最期を迎えました。これは、最後の教えを収録した『遺教経《ゆいきょうぎょう》』に出てくる言葉です。

「たとえ肉体は滅びても、私の教えは永遠の価値を持つ。私はすでに人々に伝えるべきことはすべて伝えた。この先生きながらえたとしても、これ以上伝えることは何もない。私がこの世を去った後は戒律《かいりつ》をしっかり守って精励するように」。これがブッダの遺訓《いくん》です。

広大な宇宙を思えば、私たちが生きていられる期間は、ほんの一瞬です。だからこそ、どんな人生でも、とても貴重な体験なのです。その短い時間の中で、私たちは何を遺すことができるでしょうか。

「虎は死して皮を留《とど》め、人は死して名を遺す」と言います。人は死んだ後にその偉業によって名が語り継がれるという意味です。

何を遺したかによって、あなたの一生の価値が決まります。あなたは何を遺したいですか？

「われただたるをしる」

吾唯足知

豊かな生活ではなく、
豊かな心を持とう。

たくさんの便利な家電製品に囲まれて暮らす現代の私たち。もしそれがあなたの家になかったら、みじめで不幸な気分になるかもしれません。

でもたった半世紀前、日本では誰もがテレビや冷蔵庫を持っているわけではありませんでした。しかし当時の日本人が不幸だと感じていたかと言えば、そうではないでしょう。今だって、家電製品をあまり使わない人たちは世界中にたくさんいます。その人たちはもしかしたら、私たちよりもはるかに幸せを感じているかもしれません。満足することを知っている者は貧しくても幸せであり、満足することを知らない者はどんなに恵まれていても不幸である。ブッダの言葉は「幸せ」の本質を言い表しています。

「貧しい人」とは何も持っていない人ではありません。多くを持っていながら、まだまだ欲しいと飢えている人のことです。「吾唯足知」という言葉こそ、現代の日本人が最も理解しなければならない言葉なのかもしれません。

「ほかのひとたちが「あんらくだ」
というものを、せいじゃたちは
「くるしみである」という」

他の人たちが
「安楽だ」と言うものを、
聖者たちは
「苦しみである」と言う

執着を捨てることで、
心は自由になる。

「他の人たち」とは、地位や財産を得て充足感を得る人たちのこと。彼らはそれを失うと、不幸のどん底に落ちたような気分になるでしょう。モノに執着して、失わないようにするあまり、かえって心の自由を失ってしまうのです。モノは持てば持つほど煩わしさも増すもの。地位や財産の一切を捨てて出家し、悟りを開いたブッダだからこそ、わかる境地でしょう。

たとえば会社で嫌なことがあったとき、酒を飲んで憂さ晴らしをしても何も変わりません。それよりも、一日の終わりに静かに瞑想してみましょう。「あの出来事はこんな見方もできるな……」と、再解釈する時間を持つのです。習慣になれば、瞑想しなくても自然に出来事を振り返ることができます。

アメリカには夜、暗くした部屋で瞑想する「ナイトスタンド・ブディスト」と呼ばれる人たちがいます。日本のビジネスマンも真似してみてはいかがでしょうか？　お酒よりもストレス解消になりますよ。

二章

成長

苦しみは成長できるチャンス。

「たいちょうたいちょう　ぜんしねんし」

諦聴諦聴　善思念之

耳に痛い忠告は、あなたが成長するチャンスです。

「無駄遣いばかりして……。ちゃんと貯金しないとだめだよ」

「待ち合わせに必ず遅れるね。時間にルーズなのは良くないよ」

あなたは友達や知人から、このような耳に痛いことを言われた経験はありますか？　そしてあなたはそれに対し、どのような対応をしているでしょうか？

ブッダはマガダ国の妃である韋提希《いだいけ》に説法をする前に、「諦《あきら》かに聴け、諦かに聴け、善《よ》く之《これ》を思念せよ」と言ったそうです。これは「これからあなたのために話すのだから、よく聞きなさい。そしてよく考えなさい」という意味の言葉です。

しかしたとえあなたのためを思って言った忠告でも、聞く側にしてみれば気分の良いものばかりとは限りません。でもよく考えてみてください。どんな耳に痛い話でも、あなたを思って言ってくれた重要な教えなのです。「うるさい」と耳を塞いでしまわず、しっかりと聞いて、なぜそう言われたのかよく考えてみましょう。あなたが成長するチャンスなのですから。

「じぶんをいとしいとしるならば、
じこをまもれ」

自分を愛しいと知るならば、自己を守れ

己の行動を律し、心の襟を正して。

人は誰しもが、自分のことを一番大切だと感じる生き物です。我が身が愛おしいからこそ、自分のためにならないと思うことはしたくないのです。だからこそブッダは「自身が愛おしいと思うなら、自分をよく守りなさい」と説きました。では自分をよく守ることとは、一体どういうことなのでしょうか？

それは、己を律して慎み深く、まっすぐに生きること。

粗暴な言葉遣いや相手を思いやらない心、身勝手な振る舞いを律することが争いを避け、自分を守ることに繋がります。わがままを通したり、嘘をついて取り繕うことは、たとえその場では良くても、遠からず我が身を滅ぼします。言ってしまえば自分で自分の首を絞めていることと何ら変わりありません。本当に我が身が愛おしいなら、できないことですよね。

幸せになるか、不幸になるかはあなたの生き方が決めること。己の言動を律し、心の襟を正して生きましょう。それこそが自分を守る最善の方法なのです。

［ほとけにおうてはほとけをころし、そにおうてはそをころす］

逢仏殺仏、逢祖殺祖

どんな大きな存在も、きっと越えられる。

目標とする人物や人生の師と呼べる人はいますか？

私たちは権威ある肩書きの人と接するときには、その存在の大きさについ萎縮してしまいがち。尊敬する人や憧れの人に至っては、時に神格化してしまうことさえあるでしょう。

「仏に逢ったら、仏を殺せ！」

「祖師に逢ったら、祖師を殺せ！」

なんて荒々しく、殺伐とした教えなのでしょうか。しかしこの言葉は、実際に「殺せ！」と説いているわけではありません。仏や師を崇敬する

人や権威者の存在にたとえ、彼らに萎縮していては、永久にその人を越えることはできない、と戒めた言葉なのです。

権威ある肩書きの人、崇敬する人や師に対して、盲目的に「この人にはかなわない」と思う心を捨てたとき、一人の人間として初めて向き合うことができ、自分に何が足りないかもわかるようになるでしょう。

そうすればいつか、憧れの人と肩を並べることができるほどの、成長を遂げる日がやって来るでしょう。

「もしもぐしゃがみずからぐであるとかんがえれば、すなわちけんじゃである」

もしも愚者がみずから
愚であると考えれば、
すなわち賢者である

本当に賢い人は、未知の
世界に気づいている。

「賢い人」と聞いて、あなたはどんな人を思い浮かべますか？

立派な大学を出た人？　それともいろいろな資格を持っている人？

知識が豊富な人を「賢い人」とするならば、それも正解です。ですが知識の量が、本当に人を測るモノサシとなり得るのでしょうか。

ブッダは「本当の愚か者とは、自分が愚かであることを知らず、賢い者だと思い込んでいる人だ」と説きました。

自分は他の人に比べて高学歴だ、エリートだ、と自負する人の多くは、世の中の一部について詳しいだけの人にすぎません。つまり、狭く深く物事を知っているのであり、見識が広いわけではないのです。

このことの違いがわかっている人こそ、本当に「賢い人」と言えるでしょう。

なぜなら、世の中は自分の知らないことに満ち満ちていることに気づいているからこそ、さらなる高みへ登ろうと努力を続けることができるからです。

「けじょうこそちから」

化城こそ力

強い思いは前へ進む原動力になる。

「資格を取って、エステサロンを開きたいな」
「いつか家族でヨーロッパ旅行に行きたい」

誰しもが、こうなりたい、こうしてみたいという夢や願望を持っています。しかし、実際に願望や夢を実現する人は決して多くはありません。ですから、夢や願望を初めから持たないという人もいるでしょう。

ブッダの教えの中に、こんな一節が出てきます。宝を探しに、砂漠を旅する一行がいました。長く困難な旅路で疲れ果て、皆が一歩も進めなくなったときに導師はこう言いました。「あそこまで行けば城があるから、休息できるぞ」。

実際には城などありませんでしたが、〝もう少し頑張れば休める〟という希望が一行にできたとき、心を奮い立たせ砂漠を歩ききる力が湧いたのです。

夢や願望を思い描くことは、胸に化城《けじょう》を築くこと。強く思い描くほど前へと進む大きな力となってくれるでしょう。

［じんせいというみずがめをみたすすいてき］

人生という水瓶を満たす水滴

たかが一滴。されど一滴。
人生は積み重ねです。

水が「ポタッ、ポタッ」と滴り落ちていきます。一滴一滴はとても小さな雫《しずく》です。ですが時間をかければ、どんな大きな水瓶も水で満たすことができます。

あなたは日常生活で「ちょっとだけ」と、悪さをしていませんか？

悪行《あくぎょう》とは、文字通り悪い行いのこと。家族にウソをついたり、同僚の足を引っ張ったり。

自分では「ちょっとだけ」のつもりでも、それが積もり積もればやがて大きな悪行となってしまいます。

「悪行の報いが自分に来ないと思って、悪を軽んじてはならない。水が滴り落ちれば水瓶も満ちる。悪を積む愚か者は、やがて人生を災いに満たされる」と、ブッダは警鐘を鳴らしています。

また、ブッダは同じように「小さな善も積み重ねれば、いつのまにか、人生は福徳に満たされる」とも言っています。

人生とは小さなことの積み重ね。同じ積み重ねなら、善行を積み重ね、豊かに生きていきたいものです。

過去を追ってはならず、未来を待ってはならない

【かこをおってはならず、みらいをまってはならない】

今、この一瞬を精一杯生きよう。

思い出すたびに嫌な気分になる苦い記憶。「あの頃こうしていれば……」と、自分を責め、引きずり続ける過去。

そんなものに、いつまでもあなたの人生を縛られないでください。

過ぎ去った日は、どれほど悔やんでも戻ってくることはありません。人生にやり直しはきかないのです。重要なのはあなたが生きる今を、どう見つめ、どう生きていくかということです。ぼんやりと過去のことを考えてみても仕方ないのと同じように、まだやってこない未来についても、あれやこれやと心配しても得られるものはありませんよ。

今日という、一日一日が真剣勝負です。

今できることを考え、後回しにもせず、一つひとつを着実に行い、今日という日を精一杯生きる。そうすれば必ず、その日は良い一日だったと思えるでしょう。そんな日々の積み重ねが、素晴らしい未来を作っていくのです。

［みのりあるみちをすすめ］

実りある道を進め

利益や名声を追っていては、心の安らぎは得られない。

今、あなたの目の前には二つの道があります。

一つは「富や名声が手に入る道」。もう一つは「心の安らぎが得られる道」。二つの道が交わることはありません。もしどちらの道を選んでも良いと言われたら、あなたはどちらの道を行こうとするでしょうか。

ブッダは弟子にこう言いました。「私の弟子であるならば、名声よりも涅槃《ねはん》に達する道を行きなさい。自分の内面を探求し、安らぎを得なさい」。

とは言うものの、人間は富や名声に弱いものです。「お金を手に入れて豊かな暮らしをしたい」、「人から評価されたい」と願う人は少なくないでしょう。

富や名声を手に入れれば、物質的には豊かになります。しかし同時に、心の安らぎは失われてしまうでしょう。利益を追求したり、人の評価を気にする暮らしは、心の安らぎと真逆なのですから。

【むなしくおいぼれたひと】

虚しく老いぼれた人

ただ歳を重ねない。
魅力的な自分を、作っていこう。

人は歳をとるもの。しかし誰もが同じように歳をとるわけではありません。周りを見渡してみてください。どんな「老人」がいるでしょうか。頑固で言うことを聞いてくれない老人。いつも笑顔で明るい老人。さまざまな老人がいます。

「老い」は誰の下にも平等です。しかしブッダは、ただ歳を重ねただけの老人を「虚しく老いぼれた人」だと言いました。「誠実で慎み深く、自らを律する人」こそが、多くの人から慕われるのであり、そんなふう

に生きなさいと説いたのです。

最近では見た目に現れる老いを嫌い、ことさら美容に気をつかう人が増えたように思えます。しかし見た目にばかりこだわっていては、ブッダの言う「虚しく老いぼれた人」と変わりありません。

本当に魅力的なシニアになるためには、内面の美しさ、人間としての魅力を身につけなければなりません。老いをただ否定するのではなく、あらゆる経験を心の糧として、豊かな人生を生きていきましょう。

【ふせっしょう】

不殺生

食べ物に感謝して
いただきましょう。

街の至るところに飲食店が建ち並び、デパートやスーパー、コンビニではおいしそうな食べ物がそこかしこに溢れています。さらにテレビや雑誌でも、料理店や小売店の特集が組まれ、食欲にかられた人々が行列をなしているのを見ることができるでしょう。

まさに「飽食の時代」と言える現代の日本。おいしいものをお腹いっぱい食べることは、この上ない幸せです。しかし、絶対に忘れてはいけないことがあります。それは「食べる」ことが、「命をいただく」ことだということです。

私たちが口にする肉や魚、野菜などの食べ物にもまた、命があります。それを食べる私たちは、誰かの命をいただきながら生かしてもらっているのです。ですから食べ物をムダにするということは、いただいた命をムダにしていることに他ならないのです。

食べたいときに好きなだけ食べられる時代でも、日々の糧に感謝し、必要な分だけいただきましょう。あなたは、捧げられた命でできているのですから。

愚近非法
久自焼没

【おろかなればひほうにちかづき
ひさしくみずからしょうもつす】

「人生が苦しい」と感じるのなら、
生き方を変えよう。

ふとした瞬間に、「なぜこんな苦労をしなければいけないのだろう」といった思いが頭をよぎることはありませんか？

この言葉は、人との付き合いをいい加減にしたり、自制もせず自由奔放に生きていると、人としての道を踏み外しますよ、という戒めです。

今の人生が辛いと感じているかたは、自分の行いを振り返ってみてください。思い当たる節があるのではないでしょうか。

「人にウソをついた」、「自由を貫くために、人に我慢を強いた」、「面倒なことが嫌いで、怠惰に過ごしていた」など、その理由は人によって違うでしょう。もしかしたら思い当たる節がないというかたもいらっしゃるかもしれません。

しかし、今のあなたの人生はあなたが選んだ結果であるということに違いはありません。誰かのせいにするのではなく、過去の自分の行いを悔い改めることで、これからの人生をより良いものに変えていくことができるはずです。

「こころのおそるるべきこと
どくじゃあくじゅうおんぞくよりも
はなはだし」

心の畏るるべきこと毒蛇悪獣怨賊よりも甚だし

欲で乱れた心は、
何よりも恐ろしい。

悲しいことに人間とは、嫉妬や欲望、怒りなどドロドロとした感情を心の奥底に秘め、それらは時に行動を大きく左右します。

コントロールしがたいこの厄介な感情を、仏教では毒蛇の毒や猛獣、卑劣な賊より恐ろしい存在であると説き、戒めました。そしてこうした感情が渦巻かないよう欲望を滅する修行をし、「悟りの境地」を目指したのです。とはいえ、私たちが完全に欲望をなくすことは不可能です。ですが心を制御して、欲望をコント

ロールすることはできるはず。
近年、些細《ささい》なことで激怒して人を傷つけるなどトラブルに発展する事例が後を絶ちませんが、これは自分の欲望をコントロールできなかったために起こるのです。
もしも心の中にドロドロとしたものが湧き上がったら、ただ動物のように感情を吐き出してしまうのではなく、一度ゆっくりと深呼吸をしてみてください。たったこれだけで、自然と気持ちがほぐれて落ち着いてくるはずです。

「なににもいぞんすることなかれ」

何にも依存することなかれ

依存を捨てれば
心が軽くなる。

買い物依存症や恋愛依存症など、常に何かに依存せずにはいられない病があります。

どうしようもない寂しさや強いストレス。自分に自信が持てないといった「心」の状態から逃避しようとするために起こると言われています。しかし一見依存症とは関係がないように思われるものでも、知らず知らずのうちに依存してしまっているものもあるのです。

名誉やお金、地位は自分で手に入れるもののようにも見えます。しかし実際は、他人が与えてくれるものにすぎません。ですから名誉やお金、地位に執着することも、誰かに依存していることに他ならないのです。

ブッダは「依存するな、孤独の境地にあることに努めよ」と説きました。

これは何かに依存することで生じる、心の苦しみを避けよという意味です。孤独であるということは寂しい状態だと感じるかもしれません。しかし時にはそれを恐れず切り捨てる勇気も必要です。心がぐっと軽くなるはずですよ。

「いかりをすてよ。
まんしんをのぞきされ」

怒りを捨てよ。
慢心を除き去れ

「怒り」も「慢心」も人を傷つける。

ここに、人間関係において致命的な問題を引き起こしかねない、二つの〝毒薬〟があります。「怒り」と「慢心」です。この毒薬は自分に害を及ぼすだけでなく、周囲にまで大きな影響を及ぼしかねないため、注意が必要です。

ではなぜ、この二つがセットで考えられるのでしょうか？

「慢心」とは、言ってしまえばうぬぼれのことです。「自分は人とは違う」、「自分は人より優れているのだ」。そんなうぬぼれが強い人ほど、他人に言われたことに過敏に反応してしまい、ついカッとなってしまうものです。「慢心」は「怒り」を生み、「怒り」は「憎しみ」を生む。だからこそブッダは「怒りを捨てよ。慢心を除き去れ」と説いたのです。

本当に優れた人というのは、他人から何を言われても心を掻《か》き回されず、静かにそれを受け入れられる人のことです。もしあなたが何か言われて腹を立てたら、そこに慢心がなかったか考えてみましょう。

常懐悲感　心遂醒悟

［じょうえひかん　しんすいせいご］

悲しみはあなたを成長させる、人生の試練。

大切な友人や家族との別離には、悲しく、苦しい思いを抱くものです。「こんな悲しい思いをするくらいなら、出会いたくなかった」と嘆いた経験は、誰しも一度や二度はあるのではないでしょうか。

悲しいことはないほうが良い――。そう思う気持ちもわかりますが、人生に悲しみは必然なのです。

ブッダは、悲しみはなくてはならないものだと説いています。なぜなら悲しみを心に抱くことで、心が洗い清められ、今まで見えなかった世

界に目覚められるからです。

深い悲しみに襲われたとき、人はどんなに泣いたり誰かに話しても、気持ちが晴れないもの。

しかし失ってしまったものを思い、遺してくれたものを考えながら一人悲しみにじっと耐えることで、いつしか悲しみは自分の力で乗り越えることができます。そうすることで初めて、一段強くなった心が手に入るのです。

悲しみは自分を成長させる、一つの試練であると言えましょう。

三章

決意

すべてを決めるのは自分。

【だんしゃり】断捨離

あらゆる執着に
〝さようなら〟を。

「断《だん》捨離《しゃり》」とは、人生や日常生活に不要なものを断つ。または捨てることで、あらゆる執着から解放され、身軽で快適な人生を手に入れようという生き方のことです。数年前からちょっとしたブームになり、この言葉がタイトルになった本も数多く見られます。

日本には伝統的にものを長く大切に使う文化があり、「もったいない」はそれを端的に表した言葉です。しかしこれが行き過ぎると、将来使わないものが、部屋の中に増えて自分の生活空間を圧迫し、心身の健康を害するほどになってしまいます。とはいえ、ブッダの断捨離は日本文化の否定ではありません。

ちょっと極端なことを考えてみましょう。死んでしまえば、あの世に何も持っていくことはできませんよね。そう考えると、ものに執着している自分を客観的に見られるのではないでしょうか。本当に大切なものが何なのか、一度冷静になって考えてみてはいかがでしょう。

［あいよりうれいはしょうじ、あいよりふあんはしょうぜん］

愛より憂いは生じ、愛より不安は生ぜん

身勝手な愛情は
お互いを傷つけるだけ。

愛

さえあれば、愛がすべて、愛は世界を救う……。

「愛」という言葉は温かくも優しく、時に最上の価値あるものとして語られることがあります。

しかし「愛」もまた、捨て去るべき執着心だとブッダは説いています。異性、お金、名声など、対象こそ違っていても、何かに執着しているという点では同じであり、持ち続けることで苦しみの原因になってしまうからです。

愛は時に、間違った方向へ暴走してしまいがちです。たとえば、愛国心。自分の国に誇りを持つのは良いのですが、他国への侵略や支配へと転化することがあります。さらに最近、社会問題と化しているストーカー。加害者の一方的な「好き」という気持ちはもはや、身勝手な感情が引き起こす「暴力」と何ら変わりありません。

愛はとても強い感情。だからこそ振り回されないようにしましょう。

［かたいいわのようなこころをもて］

硬い岩のような心を持て

何物にも動じない
強い心を持とう。

晴れの日も雨の日も、そして嵐の日でも、硬い岩は動きません。常にそこに存在し、大きな変化もなくあり続けるでしょう。

この言葉は、そんな岩のように強く、動じない心を持ちましょうという意味です。しかし、私たち人間は感情を持つ生き物。岩とは違い何も考えず、感じない「無」の状態を保つのは難しいですよね。

ちょっとしたミスで落ち込んだり、他人からのさり気ないひと言を気にしてしまったり。「平常心」と自

分に言い聞かせても次の日にはそんなことも忘れ、あれこれ悩んだりしてしまうものです。

ですが、そのような感情に気を取られていると余計な失敗をして、さらに落ち込むなんてことも。感情に振り回されすぎては心身ともに疲れてしまいます。一度深呼吸をして、自分を持ちなおしましょう。

いきなり岩のような強い人間になることは誰にだって不可能です。まずは「気にしすぎない」ところから始めると良いかもしれませんね。

「じとうみょう　ほうとうみょう」

自燈明法燈明

人に頼らず、自分の意思で
前を見て生きよう。

暗い。何も見えない
あ、そうか
いいこと考えた
やっぱり何も見えないか。

これはブッダが亡くなるとき、弟子に語った言葉の一つです。

暗闇の中を歩くとき、足下を照らす光がなければ、前に進むことはできません。その光となるのが自分であり、ブッダの教えであるという意味です。

「誰かの言葉に左右されるのではなく、これまでの辛い修行を通じて習得してきたことを信じて、自らの心と、正しい教えをよりどころに、この先も修行していきなさい」とブッダは説いたのです。

暗闇、それは行く先に何があるか予想もつかない世界。未来は誰一人として予測できないので、そういう意味では私たちの生きる道も「暗闇」かもしれません。そんな暗闇の中を、どのような光で照らしながら進んでいくのか。

人はとかく誰かに頼りがち。とくに、自分に自信のないときはなおさらです。でも、たとえ周囲からさまざまなアドバイスをもらっても、最終的な決断は自分しかできないことを忘れてはいけません。

独来独去
無一随者

「ひとりきたりてひとりさる
ひとつもしたがうものなし」

どんなものにも、
惑わされない自分でいよう。

人間、生まれるときも死ぬときも一人きり、誰もついてきてはくれません。

これがこの言葉の意味です。

考えてみれば、人生の重大な時期にあっては、人間はいつも孤独です。老いるときも病むときも、一人であることには変わりありません。入学試験のときだって一人ですし、会場では学んできた知識以外に頼れるものはありません。死ぬときも同じで、財産や栄誉の持ち込みは許されません。我が身一つです。どんな大富豪だって、その財産は死んであの世にまで持っていけないことくらいはわかっているでしょう。でも、その財欲や物欲は捨てがたく、たくさん持つ人ほど悩みは深刻なのかもしれません。

お金が大切なことは誰も否定できないし、みんなお金を得るために一生懸命働いています。お金やものが悪なのではなく、それに執着し過ぎたときに生まれる欲が、人間の心を荒らすのです。

［たえずちんもくのおしえをじっこうせよ］

絶えず沈黙の教えを実行せよ

偉そうなナマケモノにご注意を。

口では立派なことを言っても、実行が伴っていない人。自分の正しさのみを言い募る人。あなたの周りにもいるのではないでしょうか。それは「先生」と呼ばれる立場の人物かもしれませんし、あなたの上司だったりするかもしれません。実はこうした事態は、今に始まったことではないようです。

ブッダの生きた時代にもそんな輩《やから》がいたからこそ、この言葉が伝えられているのです。声高に自分の主張が正しいと言い募る人に耳を貸す必

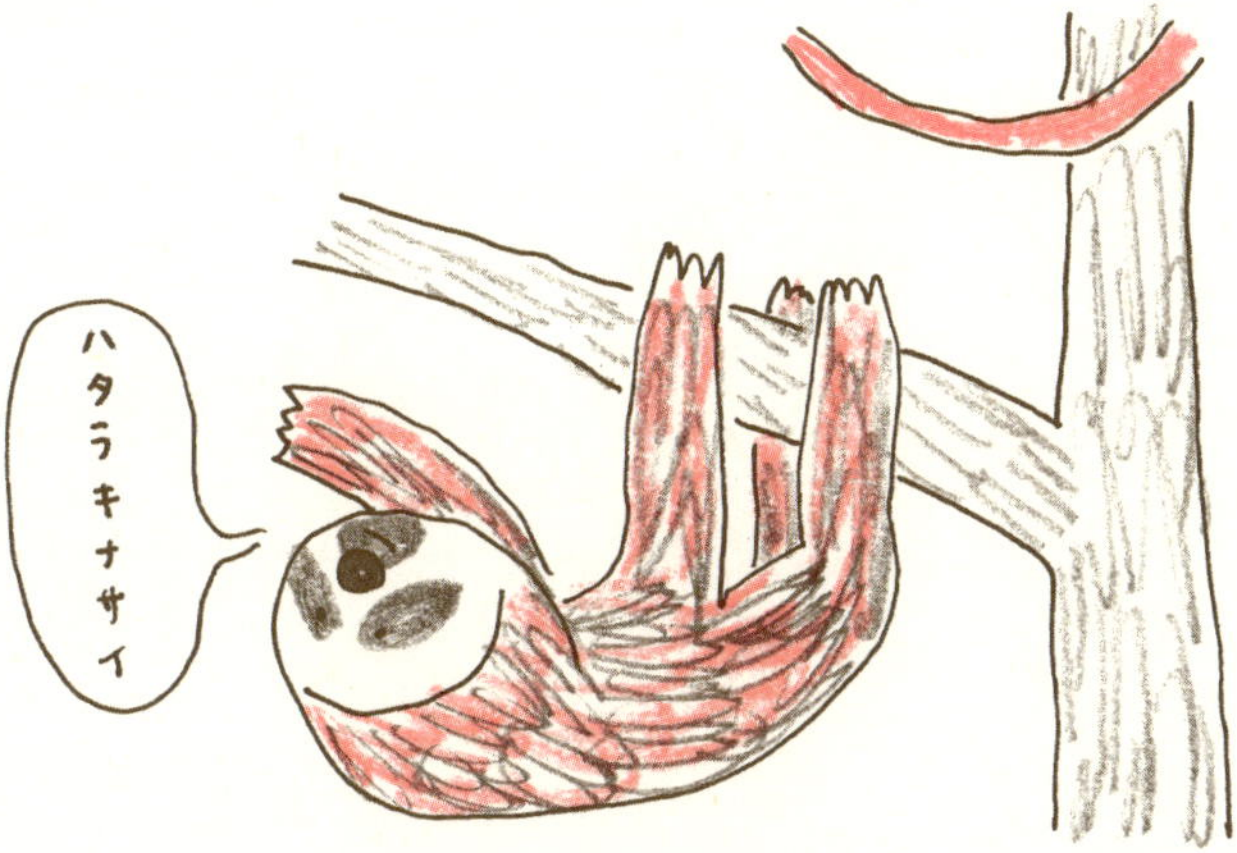

要はない、と。頭脳明晰《めいせき》で巧みな話術を持っていながら、道徳心が欠けていたり、権力を笠にきて我が物顔に振る舞ったり……。そんな人たちはいつの時代にもいたのでしょう。

知識や地位のある人物だからといって、正しい教えを説いているとは限りません。静かに心の声に耳を傾け、何が正しいことなのかを問い続けましょう。そうすれば、惑わされることなくおのずと道は開けるというブッダの言葉と自分を信じ、歩んでいきましょう。

「かこうしんでん」

可耕心田

心の田畑を耕そう。

ブッダが托鉢《たくはつ》を行っていたとき、一人の男が「修行者よ、私は田を耕し、種を蒔《ま》いて食を得ている。あなたも自分で耕し、食を得てはどうか」と言いました。ブッダは「私も耕し、種を蒔いている」と答えました。

それを聞いて男は驚き、「私たちは、あなたが田を耕しているのを見たことがない。どんな種を蒔くのか」と尋ねました。すると、ブッダは「私は、私の心の田を耕しているのです」と答えたのです。

生きていくには、食べ物も道具もお金も必要です。科学技術の進歩はすばらしく、私たちの生活は便利になりました。では、みんな幸せになったかというと、必ずしもそうではありません。物質的・経済的に豊かになった反面、心の荒廃をもたらした部分もあります。

「心を耕す」とは、悩み、苦しみながらも豊かな心を作っていくこと。形がないので軽視されがちですが、私たちにとって、何より大切なことです。

「こころよりなる」

心より成る

すべてを決めるのは自分の心。

「明日は楽しみにしていたデート、待ちきれないな」、「友達と昨日喧嘩してしまって悲しい」など、私たちの感情は誰かと触れ合う中で、日々めまぐるしく変化しています。しかし感情は、はっきりと言葉にできないような、曖昧なものばかり。だからこそ私たちは、この感情が何を意味しているのかもわからないまま、振り回されつつ生きています。「こんなに辛いなら、誰にも会いたくない」。そう思った経験もあるかもしれません。しかしどんな感情も、あなたを構成する大切なもの。無視してはいけません。

何かを話し合って決めるとき、「うまく言葉にできないから」という理由で、自分の感情を押し殺してしまう人がいます。ですが、感情はあなたの根本から湧き出るもの。感情を否定し続けることは、あなた自身をも否定することになりかねません。そのままでは、いつか感情が爆発してしまいますよ。「気に入らない」のひと言でもいいのです。たまにはもっと、自分の感情をぶつけてみてはいかがでしょうか？

他人を清めることはできない

［たにんをきよめることはできない］

がんばるのは
「誰か」ではなく「自分」。

学校、病院、会社など。人は誰でもさまざまな場面で、他人の力を借りなければ生きていくこともできません。ですから他人に頼ることそれ自体は悪いことではなく、必要なことだと言えます。

しかしたとえ相手がどんな人であっても、私たちが必要とすることを何でもやってくれるわけではありません。どこまでは頼って良いのか、どこからは自分でやらなくてはならないのかという、はっきりした境界線があるべきです。

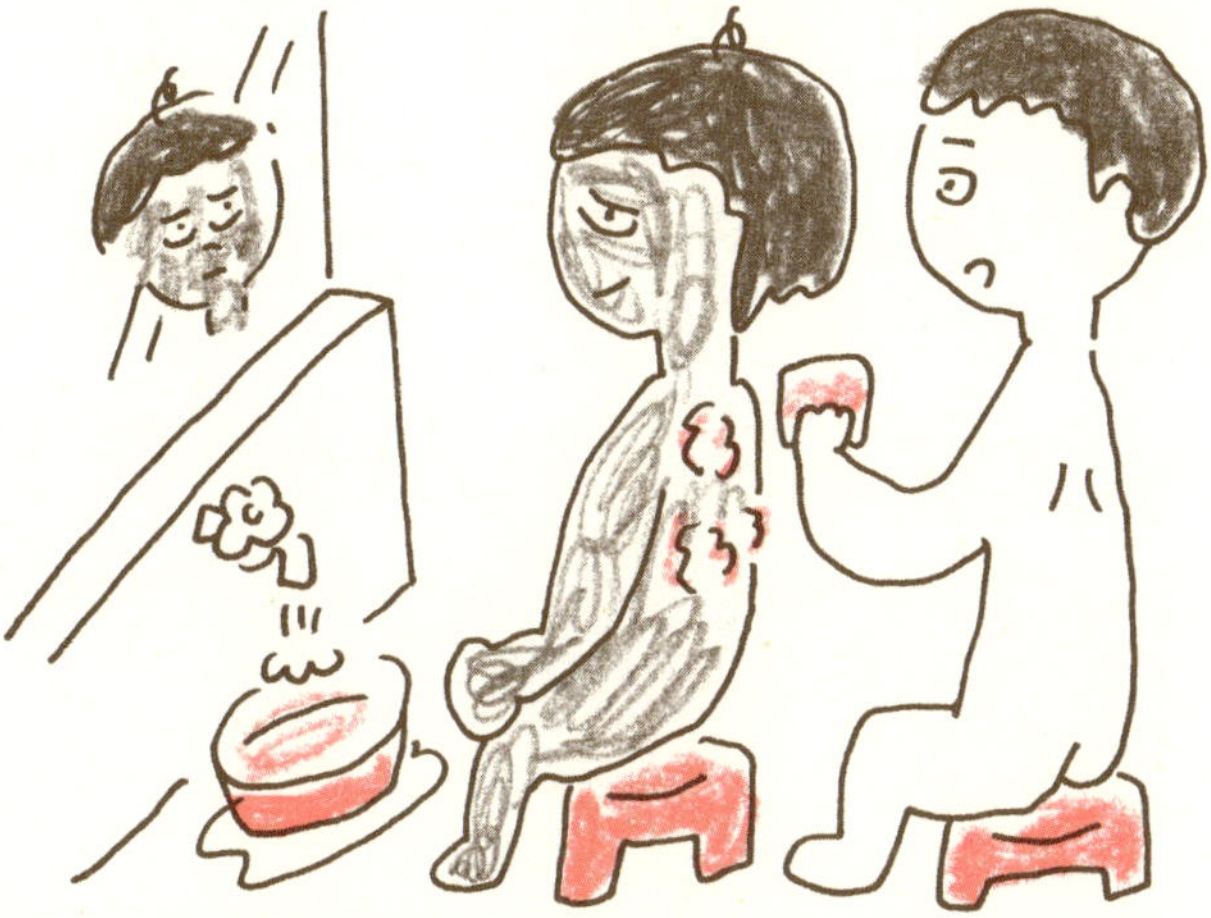

この境界線を、無視した人をよく見かけます。学校に子どもを預けたら、すべてをやってくれると勘違いしている親。患者を入院させたら、完治するまで病院がすべてやってくれると勘違いしている家族。
頼ってよい境界線がなくなると怠け心が生まれてしまい、すべて誰かの力に頼ってしまうようになるものです。どんなことでも最後に頼れるのは自分の力。それだけは忘れないようにしましょう。

「じこはじこのよるべなり」

自己は自己のよるべなり

他人を信じるという言葉で、
自分の弱さを誤魔化さない。

何か大きな仕事をするには、誰かと協力しなくてはなりません。それには深い信頼関係が必要になりますが、なかには「信じる」ということを勘違いしてしまっている人がいます。

誰かを信じて仕事を任せたのに、相手がその期待に応えられなかったとき、あなたはその原因を何だと考えるでしょうか。がんばりが足りなかったなど、相手にその原因があったと考えてしまってはいないでしょうか。

ブッダは「己を拠り所として、他者に依存するな」と説いています。他人を信じるということは、他人にすべてを押し付けるということではないはず。もし自分以外に失敗の原因があったとしても、相手を責めるだけではなく、もしかしたら自分にも原因があったのではないかと考えてみましょう。そうすれば他人が失敗してしまっても腹を立てることもなくなりますし、自分が原因で失敗してしまったときにも、素直に反省することができるようになりますよ。

［こころをにごらせるな］

心を濁らせるな

何を言われても
凛としたあなたでいて。

誰だって褒められれば嬉しいし、悪口を言われたら悲しいものです。しかし中には、他人の言動に過敏に反応してしまう人がいます。

ブッダに一人の修行僧がこう尋ねました。「私はある時には真理を悟ったと思えることもあれば、ある時にはわからなくなってしまうこともあります。なぜこのようなことになるのでしょう」。それに対しブッダは、「水盤に入れた水を思い浮かべなさい。そこに青や赤などの色が入るとどうなるでしょう。その水に映る姿も変わってしまいます。同じように、さまざまな感情や欲望で心が乱れてしまえば、真理も正しく見えなくなってしまうのです」と説いたのです。

冷静になって考えてみれば何でもないことでも、欲望が絡むと人は冷静に判断できなくなってしまうもの。誰かの言動に思いがけず心が乱れてしまったときは、この言葉を思い出してください。毅然《きぜん》とした心を保ち続けていれば、どんなことが起きても冷静に対応できるはずです。

傷なきところに毒はつかず

【きずなきところにどくはつかず】

つけいる隙を与えない。

こんなことは考えたくもないことですが、たとえば誰かがあなたを困らせるために、粗《あら》を探していたとします。でも、あなた自身にやましいところがなければ、その誰かだって悪さをしたくてもあきらめざるを得ません。そもそも他人の恨みを買わなければ、危険がその身に及ぶこともないでしょう。

つまり、あなた自身にあやまちや失態（＝傷）がなければ、誰かの良からぬ企み（＝毒）があなたに及ぶこともないわけです。

品行方正、清廉《せいれん》潔白《けっぱく》でいられれば、つけいる隙を与える心配もないわけですが、生きていれば傷の一つや二つあって当然。開き直りはいけませんが、自分の過去のあやまちを認めることで、自分の弱い部分を把握することができます。それが最も現実的な防御になるはずです。思い出したくもない古傷だってあるかもしれません。しかし、まずは過去のあやまちと向き合い、認めることから始めましょう。そうすれば二度と繰り返すこともないはずです。

陰徳は天地の光陰に勝る

［いんとくはてんちのこういんにまさる］

善行は人知れず
行うからこそ美しい。

子どもの頃、誰もが憧れた正義のヒーロー。「ピンチのときに颯爽《さっそう》と現れて人々を助け、お礼を言おうとしたらもうその場から去っている」というのは定番ですね。ヒーローはなぜあんなにもカッコよく、人々から憧れられるのでしょう。その理由の一つに「驕《おご》らない」ということがあると思います。

たとえば、ヒーローが助けてくれたあとに「お礼を言ってよ、助けてあげたのだから」と言ったらどうでしょう。喉まで出かけていた言葉も引いてしまいますよね。そう、どんなに善いことをしても、見返りを求めるべきではないのです。

何気ない気持ちで人に親切にしたら、お礼を言ってもらえた。そんな経験は誰にでもあるでしょう。たったひと言のお礼でも、嬉しいものですよね。ところが見返りがないと怒るということは、見返りを求める「慢心」があったからに他なりません。お礼を言われることなく去っていったヒーローのように、スマートに人を助けられるようになるとすてきですね。

諸悪莫作《しょあくまくさ》

悪いことはしない。
当たり前のようで、実は難しいね。

この言葉には「衆善奉行《しゅぜんぶぎょう》」という言葉が続きます。これは「悪いことをするな、善いことをせよ」という意味です。実に単純な教えですが、頭で理解することと実際に行動することは、まったく違うものです。

どんなに大切な教えも、実行しなければ意味がありません。ブッダが説いた教えの中には、三歳の子どもでもわかるようなものもあります。しかし実際は、八〇歳の老人でも実行することは難しいものばかりです。だからこそ常に頭の中でブッダの言葉を思い出し、自分がそれを実行できているのかと、問い続けなければなりません。

世間に目を向けると、「なんでこんなこともわからないのだろう?」と、首をひねりたくなるような事件が起きています。もしかしたらそれも、常識を頭では理解していながら、それを実行できなかったことが原因かもしれません。当たり前だと思わず、受け入れ、実行する素直な心を持ちましょう。

ハタラキナサイ

四章

縁

そのご縁を大切にして。

「いんがおうほう」

因果応報

すべての行為が、
未来に繋がっている。

「因《いん》果応報《がおうほう》」とは、原因に応じた結果が出るという意味です。「試験に合格できなかったのは、勉強もせずに遊んでいたからだよ」とか、「ダイエットが成功しないのは、間食のせいじゃないの?」というように、おもに悪い結果が出た場合に使われます。

しかしこの言葉、本来は良し悪しにかかわらず、どちらの場合にも使われるということをご存知でしょうか。『花咲かじいさん』や『おむすびころりん』など、良いおじいさんと悪いおじいさんが出てくる昔話があります。良いおじいさんは良いことをしたので小判などを貰いますが、悪いおじいさんは悪行のせいで散々な目に遭わされます。「良いことをすれば良い結果、悪いことをすれば悪い結果が現れる」。昔話には因果応報の教訓が詰まっていますね。

騙されたり、盗まれたり、嫌なことがあっても、相手を怨《うら》むのではなく、まずは自分のほうに原因がなかったか振り返りましょう。逆に何か良いことがあれば、それは過去にあなたがした良いことのおかげかもしれませんよ。

「たにんのかこをみるなかれ」

他人の過去を見るなかれ

あなた自身の過去を見なおし、
未来に生かそう。

他人に厳しい人、細かなチェックをする人がいます。自分にも厳しいなら、単に「厳しい人」なのですが、なかには自分のことは棚に上げる、「自分には甘い人」もいます。

この言葉には「他人のなしたこととなさなかったことを見るなかれ。ただ自分のそれが正しかったが正しくなかったかを、よく反省せよ」と続きます。他人の行動や過去をとやかく言っても、まったく意味がありません。それよりもあなたの貴重な時間をもっと、あなたのために使いませんか。過去を振り返って反省し、悪いことをしたり、罪を犯したりしていたらそれをしっかりと悔いて、二度と繰り返さないようにするのです。

人のことはよくわかっても、自分のことを見つめなおすのは難しいことです。しかも、悪いことをしたと認めて、反省するのには苦痛を伴います。でも難しいからこそ、自分を見つめなおすのは大切なことなんですね。

怨みは怨みをもってやむことなし

【うらみはうらみをもってやむことなし】

怨みや憎しみからは何も生まれません。負の連鎖は断ち切って。

誰かに辛い目に遭わされたとき、つい相手を憎んでしまいますね。ですが、そこで「怨んではダメだ」と説くのがこの言葉です。

かつて「仇討《かたきう》ち」という風習がありました。身内を殺された人が、憎い敵を殺すというものです。しかしどんな憎い敵にも家族や親しい人がいます。その人たちにしてみれば、今度は仇討ちを果たした相手が仇になってしまいます。それでは新たな仇討ちにも繋がりかねません。いつまでたっても終わらない、憎しみの

連鎖が始まってしまいます。どこかで断ち切らないといけません。

「相手を怨んでもダメ」。そんなことはきっと、みんな心のどこかではわかっているのです。しかしわかっていても実践できないのが人間というものでもあります。

「憎い」と思う気持ちを、現状を変える力、辛い状況に二度とならないように考える力に変化させる。「怨みや憎しみからは何も生まれない」と自分に言い聞かせて、前を向いて進む力を身につけましょう。

「つきをさせばゆびをみとむ」

月を指せば指を認む

話の本質を見誤らない。

本当に話し合いたいことは他にあるのに、細かいことにこだわって、全然話が進まない。そんな経験はありませんか。言葉尻をとらえてあれこれ言ったり、揚げ足を取ったり。「本質はそこじゃないでしょ！」とイライラしてしまう瞬間です。会議の場面だったり、恋人とのケンカのシーンだったり。多かれ少なかれ思い当たる節があるのではないでしょうか。

「月を指せば指を認む」は、月を指して「きれいだね」と言っているのに、月ではなくて、月を指さした指先のことを言う人がいる、という意味です。ぼんやりしているのか、あえて本質から目を逸《そ》らしているのかはわかりませんが、どちらにしても本質とはかけ離れた反応ですよね。

物事の本質を掴《つか》むのは難しいことです。しかし本質を理解しないと、正しい道へは進めません。逆に相手が理解できていないと思ったら、そっと噛《か》み砕いて説明してあげるのも大切なことですよ。

蛇の頭尾ともに前に在りと争う

［へびのとうびともにまえにありとあらそう］

我を押し通すと、
幸せになれない。

自分の意見や意思を表明するのは悪いことではありませんし、とても大事なことです。しかし主張しすぎて、自分の意見を絶対に通そうとすると、意見が通らないばかりか、険悪な雰囲気にもなりかねません。

ある一匹の蛇の「頭」と「尾」が、「自分が前に行く」と争い始めました。先に進んだのは頭。前に進もうとしますが、怒った尾が木に絡みついたので身動きがとれません。次に尾が進もうとしますが、尾には目がないため前が見えません。うろうろしているうちに、蛇は火の中に落ちてしまいました。お互いが我を通し譲ろうとしなかったために、遂には身を滅ぼしてしまったのです。

自分の意見だけを通そうと大声で主張したり、利益を大きくしようと相手のことも考えずに値引きを迫ったり。「自分一人が得すればいい」と考えると、この蛇のように残念な結果になりかねません。エゴを出しすぎず、相手のことも思いやったほうが、結果的に幸せになれるのではないでしょうか。

友に非ず

［ともにあらず］

信頼の絆で結ばれる、それが「友達」です。

「本当の友達」とは、どんな人でしょう。友達だと思っている人を思い浮かべてみてください。

たとえばあなたが困っているとき、手を差し伸べてほしいのに助けてくれない人。そんな人は友達ではありません。もし相手のそんな行動に気づいたら、「この人は友達ではなかった」と思い、付き合いは控えるべきだとブッダは言います。

「都合の良い言葉ばかり言う人」、「誰かの不運を喜ぶ人」も同じ。信用することができない人とは付き合っ

ていても、いつまでも友達になることはありません。なぜなら友達とは、相手を心から信じることができる人のことだからです。

しかしこれは相手だけでなく、あなたにも言えることだということを忘れないでください。あなたが相手に望むように、骨身を惜しまず誰かの力になりましょう。誰かのために行動できるあなたはきっと周りからも信頼されるはず。そんなあなたの前には、信頼の絆で結ばれた「本当の友達」が現れるでしょう。

「みつばちははなのいろかをそこなわずに、みつをとってはなからとびさる」

蜜蜂は花の色香を損なわずに、蜜を取って花から飛び去る

「自分さえ良ければいい」

というエゴを捨てよう。

花から花へと休む間もなく飛び回り、蜜を集めるミツバチ。このとき、ミツバチは花に対して何らかのマイナスとなる影響を与えることはありません。それどころかミツバチは蜜を集める中で、花の受粉を助けることさえしています。ミツバチのおかげで果実が実り、タネができ、花は命を次世代へと繋ぐことができているのです。これは、Win-Winの関係ですよね。

ミツバチ以外にも多くの生き物は自然界で、ギブ&テイクという、考えてみれば当たり前の摂理の中で生きています。しかしその一方で人間はどうでしょうか。花を見れば根こそぎ抜いてしまい、魚を見れば稚魚まで捕りつくしてしまう。「与えられる」ことばかりを望み、「与える」ことを忘れているようです。

どんなに親しい友達でも、ギブ&テイクという基本を忘れれば、そのうち相手にもされなくなります。それは自然界も同じこと。「自分さえ良ければいい」という考え、つまりはエゴを捨てることから始めたいものです。

「こうふくはいくらわけあたえても、
へるということがない」

幸福はいくら
分け与えても、
減るということがない

広がり続ける、幸福の輪。

幸せを独り占めしようとする人がいます。「幸せは分けたら減ってしまうもの」、そう思っているのかもしれません。でも、本当に減ってしまうのでしょうか。

ここに一本のたいまつがあるとします。このたいまつから火を取って他のたいまつを燃やしました。最初のたいまつはどうなるでしょう。最初と同じように燃えていますよね。幸せもこのたいまつと同じようなもの。幸せはどれだけ分けても減ることはありません。それどころか、確実に広がっていくのです。

人は、つい「自分だけが良ければいい」と思ってしまいます。しかし利己的な心を捨て、他人を助ける努力をしてみませんか。もしあなたが誰かの力になってあげれば、きっとその人はあなたを含め、誰かのために何かしたくなるでしょう。すると幸せの輪が生まれ、どんどんと広がっていくのです。

幸せを独り占めするのではなく、誰かに分けてあげましょう。幸せは決して減ることなく、ゆくゆくは二倍、三倍になって戻ってくるはずです。

長者の万灯よりも、貧者の一灯

「ちょうじゃのまんとうよりも、ひんじゃのいっとう」

何事にも真心を込めて行いましょう。

布教の途中、ブッダはある町を訪れ、そこで多くの人から歓迎を受けます。町の長者はその財力を生かし、一万もの灯火をともしてブッダの到来を歓迎しました。

一方、同じ町に住む貧しい老婆もブッダを歓迎したいと思いましたが、貧しかったため思うようにおもてなしをすることができません。手を尽くして手に入れることができたのはたった一本の灯火だけでした。老婆は人目を避けるようにしてこれを供え、ブッダを迎えました。この

老婆の姿を見たブッダは、「長者の万灯よりも、貧者の一灯」と言って、老婆に深く感謝したといいます。

この言葉は貧しい人が生活を切り詰めて行うわずかなお布施でも、真心が込められていることで、長者の行う多額のお布施と同じ、いやそれ以上の価値を持つという意味です。

誰かのことを思って何かをするとき、もちろん結果も大切ですが、それよりも大切なのは真心の部分。何事にも気持ちや思いを込めて、心を届けるつもりで行動しましょう。

［じたふに］

自他不二

相手を自分のことのように
大切にできるあなたは素敵です。

「自分」と「他人」は違う。誰もがそう思っているのではないでしょうか。しかし自分と他人は「不二《ふに》」、つまり別々ではないというのが「自他不二《じたふに》」という言葉の意味です。

「あなたと私はひとつなんですよ」と言われても、ちょっと困りますよね。でもこれは「相手のことをまるで自分のことのように考えましょう」ということ。つまり、相手に嬉しいことがあれば自分のことのように喜び、相手に悲しいことがあれば自分が辛い目に遭ったかのように悲しもうという意味です。

自分と他人との間に垣根を作らず、すべて「私のこと」として受け止めましょう。それは決して難しいことではありません。普段、自分を思いやる気持ちを、まずはほんの少しでいいから相手に向けてみてください。そうすれば相手の気持ちを理解し、相手の立場に立って物事を考えられるようになり、誰からも愛される魅力的な人物になることができるでしょう。

「ものおしむまずしきこころ」

物惜しむ貧しき心

喜びも悲しみも分かち合おう。

何事も、独り占めするのは残念なことです。誰かに何かを「与える」と聞くと、すぐに「奪われる」のだと勘違いして、惜しむ人がいます。「減ってしまうからあげたくない」と抱え込みたくなるこの気持ちは、経験したことがある人も多いのではないでしょうか。

相手に何かを与えると自分が貧しくなってしまうと考える貧しい心を捨てましょう。与えることは奪われることと違い「分かち合う」ことです。分かち合うと、人の心はどんどん豊かになるのです。幸せを分かち合えば、幸せが広がり、悲しみを分かち合えば、辛さを減らすことができます。良いことも悪いことも分かち合う。こうすることで、人生をより豊かにすることができるのです。

なんでもケチケチしてしまう人がいますが、物惜しみするとかえって心が貧しくなります。みんなで幸せも苦しみも分かち合い、共に喜び悲しむことで、真の豊かさを手に入れましょう。

［おのれのえるところにかろんずるなかれ］

おのれの得るところに軽んずるなかれ

あなたが持っている素敵なものに、もっと目を向けて。

相手の持っているものが、すごく良く見えてしまうことはありませんか。欲しかったブランド品や素敵な恋人、やりたかった仕事。それを持つ誰かを見て「うらやましい」、「ずるい」と思うのです。

こんな気持ち、誰にでもあるもの。周囲を見渡せば、切りがないほど見つかります。でも冷静になって考えてみて。今あなたが持っているものは、本当に魅力がないのでしょうか。

残念なことに私たちは、自分が手に入れてしまったものや当たり前に

できることには価値を見出さず、軽んじて見てしまう傾向があります。
一方で、自分にできないことや持っていないものには、必要以上に価値を感じてしまうものです。でもあなたが持っているものや当たり前にできること。それは誰かにしてみれば、あなたが思っている以上に高い価値があるものなのです。
持っていないもの、できないことだけを見て不平不満を言うのではなく、手に入れたもの、できることにも目を向けてみましょう。

犀の角のようにただ独り歩め

「さいのつののようにただひとりあゆめ」

一人生き抜く、
強さを持とう。

「類《るい》は友を呼ぶ」という言葉があります。あなたやあなたの下には、あなたやあなたの友達と似たような人たちが集まってくるという意味です。もし良い出会いがないと思うなら、それは今付き合っている人たちにも、原因があるかもしれません。

信頼や尊敬をすることができない人。一緒に人生を歩み、刺激を与え合って心の成長を目指すことができない人。そんな人たちとは、たとえ一時だけでも付き合ってはいけません。良い出会いの妨げにもなりかねないからです。

一人でいるのは寂しいことです。だからつい「誰かといたい」と思うあまり、妥協して誰かと過ごすこともあるかもしれません。しかしそんな弱い気持ちは振り切って、妥協することなく一人で歩く潔さを持ちましょう。

サイは群れをつくらず、頭に突き出した一本ないし二本の角《つの》を武器に独りで生きるものです。そんなサイのように、独りで生きる強さを武器に、自分の足でしっかりと歩き、媚《こ》びたり誰かに頼ったりしないよう生きましょう。

「めいびんなともをえよ」

明敏な友を得よ

誰かといるから、変わっていける。

吉《きち》祥草《じょうそう》の葉があったとします。その葉で魚を包めば、吉祥草もなまぐさくなります。しかし香木を包めば、同じ葉が香木の香りを放つようになるのです。

人との付き合いも同じです。よく「朱《しゅ》に交われば赤くなる」と言いますよね。人は関わる相手や環境によって、良くも悪くもなるというたとえです。人は知らず知らずのうちに一緒にいる相手から影響を受け、染まってしまうもの。「距離を置いて付き合うから大丈夫」と思っていても、気づいたときにはもう取り返しのつかないほど影響を受けていた、ということも珍しくないのです。

あなたに「将来こうなりたい」とか、「こんな生活がしたい」という希望や理想があったとします。それならば、理想像に近い人や、同じ目標に向かって進める相手と付き合いましょう。お互いに良い影響を与え合い、相乗効果を発揮できるはずです。逆に理想と異なる相手なら影響を受ける前に、お付き合いを控えるのも重要かもしれませんよ。

五章

真理

本物を見極める力を。

四苦八苦［しくはっく］

人生とは苦しいもの。苦しいから、
そのあとの喜びもひとしお。

私たちは生きているとありとあらゆる場面で、楽しいことだけでなく、苦しいことや悲しいことにも遭遇します。人によっては、苦しいことばかりで嫌だと嘆く人もいるでしょう。日々、楽しいことや嬉しいことばかりがやってくれれば、どんなに素晴らしい人生でしょうか。

「非常に苦労する」という意味で使う〝四苦八苦《しくはっく》〟という言葉。もともとは仏教の教えのひとつです。この世に生を受けた以上、人は逃れることのできない苦しみが定められているのだと説いています。同時に苦しみや悲しみがあるから、人はそれを乗り越えるための智慧《ちえ》が備わり、人にも優しくなれるのだ、と。

あなたがもし、苦しみや悲しみなどない人生を望むのだとしたら、それはとても味気ない人生だと言えるでしょう。

苦しいことを乗り越えたからこそ見えてくる幸せに、心を震わせることができるのです。

「このよのなかはあんこくである」

この世の中は暗黒である

自分の信念を貫いて。

毎日、新聞やテレビのニュースで伝えられる、目を覆いたくなるような事件や事故の数々。国同士のいがみ合いや夫婦間の争い、血の繋がった者同士のトラブルなど、枚挙にいとまがないほどです。そんな中、ずる賢い人やしたたかな人、自己中心的な人ほど、こんな世の中でも変わらず暮らしやすそうにしています。

あなたは、いつからこんなに殺伐とした世の中になってしまったのだろうと、思うかもしれません。今から二千年以上前に生まれたブッダも「この世の中は暗黒である」と、悪がはびこり荒廃した人の世を嘆き悲しみました。しかしブッダはそれでも自分の信じる真理を掲げ、最期までそれに背くことはありませんでした。だからこそ多くの人に慕われ、その教えは何百年たっても廃れることなく、信仰を集めています。

もしなにが正しいのか判断に迷ったら、自分の心の中に問いかけてください。あなたが本当に信じたいものが見つかるはずです。

傷つけるな

【きずつけるな】

人に悪意を持った瞬間、あなたは人を傷つけている。

陰口や妬み、許しがたいウソ、侮蔑的な視線――。私たちの心を深く傷つけるものは、暴力や直接的な暴言とは限りません。

また一方で、悪意のある行為に対して、自分の痛みには敏感に反応するのに、人の痛みにはとかく鈍感になるのが人間というもの。

「あの人さえいなければ……」、「あんな人、痛い目に遭えばいいのに」

たとえ心の中であろうとも、こんなふうに人を妬んだり、不幸を祈ったりするだけで、あなたの目つきは

知らず知らずのうちに悪意に満ち、冷たい態度をとっているものです。そして相手は敏感にそれを察知して、深く傷ついていることでしょう。

ブッダは直接的にはもちろん、心の中であっても人を傷つける行為をしてはならないと説きました。人は憎しみを抱いた時点で、なにかしら態度に出てしまうもの。

人から傷つけられても、あなたはその人を恨んでも、憎んでもいけません。傷つけ合うばかりでは、なんとも息苦しいではありませんか。

「ことばはすべててんにはかれる　しかえし。かならずなんじのみにいたらん」

言葉はすべて天に吐かれる
仕返し。必ず汝の身に至らん

言葉は巡り巡って
自分に返ってくる。

思ったことがそのまま口から出てしまい、相手からムッとされた。楽しくなってつい余計なことまで言ってひんしゅくを買ってしまった。誰しも、こうしたことで後悔した苦い経験が、一度や二度はあるでしょう。

言葉というものは、一度口から出てしまうと取り返しがつきません。そして、相手に嫌な思いをさせたり、傷つけた言葉は巡り巡って自分に返ってくるものです。逆を言えば、良い言葉を口にすれば良いことが起きるものなのです。

だからこそ、言葉を口にするときには慎重になりたいもの。とくに注意したいのはイライラしているときや、挑発的な言葉を言われたときです。怒りに任せて、思わず乱暴なことを言ってしまいそうになります。

そんなときこそ、口から言葉が出る前に一呼吸してみましょう。そうすれば、「ああ、なんであんなこと言ってしまったんだろう」なんて思って、暗い気分になることはなくなりますよ。

「ただそしられるだけの
ひとはあるまじ」

ただ誹られるだけの人はあるまじ

下らない悪口や噂話も、
あなたの力に変えてしまおう。

悪口や悪評というものは、あっという間に広まってしまうものです。人から人へと伝わる際に、おもしろおかしく尾ひれがついてしまい、びっくりするような内容で広まることも多いもの。

悲しいことですが、人の悪口を言って憂さを晴らす者もいれば、話題に乏しい職場や環境では、悪い噂話や悪評は格好の話のネタになってしまいます。

自分の悪口や噂話を耳にしたときには「なんでこんなことを言われるの?」と、憂鬱な気分になりますね。そして「会社に行きたくないなあ」、「もうあのグループとはお付き合いしたくない」などと思うでしょう。

こうした人々には正しいことを言っても、反論をしたということが原因で、また新たな問題が起こりかねません。何も言い返さず、それよりもなぜそんなことを言われたのか、胸に手を当てて考えましょう。もしかしたらその中に的を射た意見があるかもしれません。どんなことも成長に繋げる、強《したた》かさを持ちましょう。

論争は虚しい

［ろんそうはむなしい］

心を乱す論争は、いっそやめてしまおう。

数十年前から、学校の授業でも討論会が取り入れられ、異なる考え方や立場について議論する手法が普及しました。

そのせいでしょうか。近頃は「論破」して相手を否定することが勝利だと考える風潮があるようです。

ブッダは弟子に「論争するな」と説きました。これは議論そのものを禁止したのではありません。議論を通じて真理を共に探そうとするのではなく、自分が信じた見解、主張こそが正しいと思い込み、他の者を軽

視することを禁止したのでした。
論争とは、どちらかの主張が通り、どちらかの主張が破棄されること。「あなたが信じていることは、実はそうじゃないんだよ」などと持ちかけられて論破されても、持論を破棄された側は納得できるでしょうか。
すべての答えを知ることなど不可能です。だから論破された意見が正しいことだってあります。答えをひとつに絞り込むのではなく、わからないことはいっそ保留にする。そんな心の余裕を持ちましょう。

「あいするひととあうな　あいしていないひとともあうな」

愛する人と会うな
愛していない人とも会うな

愛情も憎しみも紙一重。
感情を自分でコントロールしよう。

「愛《いと》しい」と思う人とは毎日でも会いたいし、会ってしまえばさらに会いたい気持ちが募りますよね。愛する人を思って高ぶる感情は、とめどないものです。

では「憎らしい」と思う人ではどうでしょうか。憎い人に会えば、さらに「ああやっぱり憎らしい」と、辛い気持ちが増してしまうことでしょう。

感情を持って生まれた人間には、どうしても「好き」、「嫌い」という異なる思いが芽生えます。ブッダはこのふたつの感情のどちらを持つ人とも「会ってはならない」と説きました。なぜ好きな人とも会ってはならないのでしょうか。

愛する人と過ごす時間は瞬く間に過ぎ去っていきます。その後に待っているのは、身が裂けるような別れの辛さです。ブッダはそれを執着から生まれる苦しみであると説いています。愛は強すぎる感情であるために、会えないことが憎しみに変わることもあります。感情をコントロールできないならいっそ、「会わない」ことがあなたの幸せに繋がることもあるのです。

「しょほうむが」

諸法無我

他人の価値観のために、
無理をしない。

最近のダイエットブームは、若い世代だけではありません。中高年のかたでも日常的にダイエットを口にするご時世となりました。中高年の場合、生活習慣病の予防や、太り過ぎ防止のため、ダイエットは少なからず必要なものと言えるでしょう。しかし若い女性の場合、ダイエットが必要な体型ではない人でも食事量を減らしたり、運動をして痩せる努力をしています。

これは、〝痩せているほうが美しい〟とする思い込みに他なりません。背は高いほうがいい、お金持ちがいい、髪質はストレートがいい――。いつ、誰が決めたのかわからない価値観で、世の中は溢れ返っています。

諸《しょ》法《ほう》無《む》我《が》とは、「すべてのものが平等であり、無である」という意味です。人は平等であり、こうした意味のない価値観で優劣をつけるべきではないのです。

あなたは他人の価値観に縛られて、右往左往してはいけません。自分らしく、ありのままに生きることが尊いのですから。

［らくえんのありか］

楽園の在り処

大切な人がいる場所が、
あなたにとっての楽園。

あなたは「楽園」と聞くとどんな場所を想像するでしょう。美しい花々がある場所？　それともおいしそうなごちそうが、山のように積まれた場所？　人によって楽園は異なりますが、そもそも楽園とは一体、何なのでしょうか？

ブッダは楽園とは、物に恵まれた場所でもなければ、景観がすばらしい場所でもないと説いています。

美しい景観や、ごちそうの山がある場所はとても魅惑的です。しかしどんなにすばらしい場所でも、そこ

にひとりぼっちでいて、あなたは心から楽しめるでしょうか。

目を閉じて、そんな魅惑的な場所で一緒にいたい人を思い浮かべてみてください。「きれいな花だね」、「なんておいしそうなんだろう」と、語り合いたい人は誰でしたか？

心に浮かんだその人こそ、あなたが魂を共有できる人です。そんな人が見つかった喜びを噛《か》み締めましょう。あなたはその人がいるだけで、その先の人生を「楽園」として生きていくことができるのですから。

「うらみをいだくもののなかに、うらみをいだかずあんらくにいきよう」

怨みを懐く者らの中に、
怨みを懐かず安楽に生きよう

怨《うら》みを持たないことで
不幸から身を守る。

あなたが生きるこの世界は、決して楽しいことばかりではありません。時には自分の不幸を嘆くあまり、世の中を〝怨《うら》む〟こともあるでしょう。

ではその不幸とは、どうやって生まれてくるのでしょうか？

思うだけで相手に伝わってしまうものがあります。それが怨みです。怨みはその感情を相手にも伝染させてしまいます。ですからあなたが誰かを怨めば、相手も同じように怨みを抱くようになるでしょう。怨み合う二人はお互いの不幸を願うようになり、不幸の連鎖が生まれてしまいます。ですからあなたが不幸だと思うなら、それは、あなたが誰かを怨んだ結果かもしれません。

人は何十年、時には世代すら超えて繋がっているもの。一度生まれてしまった不幸の連鎖も、消えることなく続いていきます。一生を誰かを怨み・怨まれながら生きる人の人生は不幸そのもの。そうならないために、どんな怨みも持たず生きていきましょう。それだけが、あなたの身を守る方法なのですから。

「じんしんうけがたし」

人身受け難し

生まれたことに感謝して！

交通事故のような不慮の死より、未遂者まで含めると自ら命を絶とうとする人が多い日本。なぜこんなにも人は、死に急いでしまうのでしょうか。

真面目な人ほど世の中の不条理に負けて、自らを傷つけてしまうと言います。うまくいかないことの責任をすべて背負い込み、自らを追い込んでしまった上で死を選んでしまう傾向にあるからです。

そんな中、とあるタレントさんが娘に、自分の信条に由来する「いまる」という名前を名付けました。その信条とは〝生きているだけで丸もうけ〟。

人は苦しいときはそのことばかり考えてしまうもの。でも人生には、苦しみだけでなく、それ以上の喜びもあるということを忘れないでください。問題を真摯に受け止めることも必要ですが、死んでしまっては元も子もないのです。

「あなたの命は、そこにあるだけで尊い」。「いまる」という名前には、そんな思いが込められているのでしょう。

妻は夫に敬順すべし

［つまはおっとにけいじゅんすべし］

互いに尊重し合うことが、円滑な人間関係を築くコツ。

「妻は夫に敬順すべし」と聞くと、あたかも前時代的な男尊女卑の思想のようで、不快に感じるかたもいらっしゃるかもしれません。

この教えはブッダの初期の教えの一つであり、夫婦を例にして親と子、先生と生徒、兄弟など、あらゆる人と人との関わり合い方について説いたものです。

妻の人格を尊重し、人として愛すること。妻にお金やモノを与えること。家事や育児を任せること。妻の両親を敬愛することを説きました。

このように、ただ男性が女性を従わせるための思想ではなく、女性を一人の人格者として認め、愛するだけでなく信じて任せること、相手が大切にしている人を自分も大切にするという〝尊重〟の必要性を私たちに語りかけているのです。
あなたは、人と人との関わりの中でお互いに尊重し合い、認め合っているでしょうか？　実はたったこれだけのことが、人間関係を円滑にしたり、難しくしているものなのです。

法を見るものは我を見る

「ほうをみるものはわれをみる」

神仏は信じる者のそばにいる。

絶望したり窮地に立たされたとき。その無常さ、無慈悲さに思わず「この世には神も仏もないものか」と、怨み節が口をついて出ることはないでしょうか。

ブッダは弟子たちに「法を見るものは我を見る」、つまり〝教えを信じて精進している者は、離れていても私が身近にいることを知っているが、信じずに修行を怠る者は、私を遠く感じることだろう〟と説いています。

私たちは辛く苦しいときや、お金持ちになりたい、結婚したいといった具体的な願いがあるときにだけ、神や仏といった存在にすがりついてしまいます。ですが本来加護を求めるのであれば、息災の喜びや、雨露がしのげる家があること、飢えないですむだけの食事があることに日々感謝しなければいけません。

そうして毎日を正しく、勤勉に生きる人だから神や仏を身近に感じることができるのです。毎日のちょっとした幸せや小さな喜びに感謝して暮らせば、どんな災いからも守ってくれる神や仏の存在を常に感じられるでしょう。

初めて発心したとき
すなわち正覚を成ず

「はじめてほっしんしたとき
すなわちせいかくをじょうず」

初心に返ろう。

開業したい、世界を一周したい……など、あなたは今、夢や目標を抱いていますか？　今は漠然とした事柄でも、夢や目標を叶えられるか否かは、その気持ちをずっと持ち続けて努力を重ねられるか否かで決まると言ってもいいでしょう。

ブッダの教えをまとめた『華《け》厳経《ごんきょう》』の中に、「初めて発心《ほっしん》したとき、すなわち正《せい》覚《かく》を成《じょう》ず」という言葉が出てきます。〝初めて発心〟とは、夢や目標を胸に抱いた最初の気持ちのことです。

夢や目標を叶えるための長い道のりの中では、モチベーションが下がるときもあるでしょう。しかし最初の気持ちを思い出すことで、再び夢や目標を叶えようとする気持ちに火が付くのです。

あなたにもし叶えたい夢や目標があるのなら、中弛《なかだる》みしたときにこの言葉を思い出し、気持ちを奮い立たせてみましょう。きっとまた、がむしゃらにがんばれる力が湧いてくるはずですよ。

六章

希望

可能性は無限大だから。

「よくふかければわざわいおもし」

欲深ければ禍い重し

強すぎる「欲」は災難を招く。

「欲」があるということは、本来悪いことばかりではありません。悟りを開くならともかく、「もっと良い暮らしがしたい」、「もっときれいになりたい」など、ある程度の欲望があるからこそ、私たちはがんばることができるのです。しかし欲があまりに深くなると、さまざまな問題の原因になってしまうというのが、「欲深ければ禍《わざわ》い重し」の意味です。

ウソのような儲け話に何度も騙されたり、「絶対に儲かる」という言葉にふらふらと引き寄せられたりする人がいます。冷静に考えれば、危険やウソを見分けることができるはずなのに、欲望に目が曇ってわからなくなってしまうのです。こんなとき、決して悪くなかったはずの「欲」は、災厄の元となる「強欲」に変化してしまうのです。

欲望は際限なく膨れ上がっていくものです。難しいことではありますが、どこかで冷静になって、自分の心を見つめなおしましょう。

［あいよくのこころをたとなし、
いん・おん・ちをしゅとなす］

愛欲の意を田と為し、
淫・怨・痴を種となす

悪の芽は、小さなうちに
摘み取って。

「蒔《ま》かぬ種は生えぬ」という諺があります。「原因がないのに、結果が生じることはない」という意味です。転じて「努力もせずに、良い結果は生まれない」という意味でもあります。

この言葉に出てくる「淫《いん》・怨《おん》・痴《ち》」とは、みだらな思いや怨《うら》み、無知ゆえの馬鹿馬鹿しい考えのこと。人間なら誰でも多少は持っているものですが、これらの思いに気づいたら、すぐに改めなさいとブッダは説いています。

「淫・怨・痴」が心の田んぼに種として蒔かれたまま放置しておくと、あっという間に育ってしまいます。それどころか大きくなりすぎた悪い思いは繁殖し、気づいたときには心のすべてを覆いつくすことにもなりかねません。そうなってからでは元のきれいな心に戻すのに、時間も労力もかかってしまいます。

悪い種は蒔かないように。蒔いてしまった場合には、すぐに自分で摘み取り、軌道修正したいものですね。

三つの火【みっつのひ】

煩悩から解放される方法。

大《おお》晦日《みそか》、耳をすませば聞こえてくるのは除夜の鐘です。人間の煩悩の数とされている百八回、鐘をつき、そうすることで煩悩を打ち消すといういわれがあります。

では人間の煩悩とは、どこから生まれるのでしょうか。ブッダは「貪《むさぼり》」、「瞋《いかり》」、「痴《おろかさ》」の三つが煩悩を生み出す原因だとし、人間の心を苦しめる毒薬「三毒《さんどく》」と呼んでいます。

貪とは、人や物事に対して執着する欲深い心のこと。瞋とは、人や物事に腹を立て、生けるものの命を脅

かす怒りの心。痴とは、愚かで真理や道理に暗く、仏の教えを知らない無知な心を指しています。これら三毒は三つの火となって燃えあがり、人を焼きつくすのです。

貪・瞋・痴の三毒は、人間が持つ煩悩の中でも特別に大きなもの。除夜の鐘で打ち消そうとしている百八の煩悩は、三毒をさらに細かく分類したものです。つまり煩悩から解放されるには、貪・瞋・痴を捨てなければなりません。難しいことですが、少しでも減らしたいものですね。

【むじょう】

無常

明日を信じて！
希望を持って前進しよう。

「無《む》常《じょう》」という言葉が終わりを連想させることから、いつしかその言葉は「命のはかなさ」といった意味としてとらえられるようになりました。しかしブッダの言う無常は少し違います。無常とは、すべてのモノは変化していくものであり、一瞬でも同じではないということを意味しているのです。

今の幸せがずっと続くとは限りません。ですが逆に、今がどんなに苦しい状況でも、それがいつまでも続くわけではないと考えることもできるのです。「明日はきっと良くなる、来年はもっと良くなる」。そうやって未来に希望や可能性を感じていれば、今日の過ごし方や今後の行動も変わってくるはずです。

もちろん、「生あるものは必ず死ぬ」のもまた事実。生きとし生けるものすべてに訪れる死を受け入れて、「今」というかけがえのない瞬間に感謝を捧げましょう。その上で事実を受け入れ、前を向いて生きていく。そんな心構えが、重要なのかもしれませんね。

少水の常に流るるは則ち能く石を穿つ

［しょうすいのつねにながるるはすなわちよくいしをうがつ］

努力は必ず報われる。

「小《しょう》水石《すいいし》を穿《うが》つ」という諺がありますが、これは「少水の常に流るるは則《すなわ》ち能《よ》く石を穿つ」からきたもの。一滴一滴はごくわずかな水でも、ポタ、ポタと長い期間、継続的に注がれていれば、硬い石でもやがてはすり減り、最後には穴が開くほどの力を生み出すという意味です。

このことを人間にたとえるとどうなるでしょうか。ポタ、ポタと落ちる水は「努力」そのもの。ダイエットのためにひと駅歩いて通勤する、英語が話せるようになるため一日に十分間勉強するなど、どんなに小さな努力でも、長く続けていればいずれ大きな結果へと結びつくのです。

今の時代、結果ばかりが追い求められがちですが、過程もとても大切なもの。たとえ満足できるような結果が得られなかったとしても、努力したという事実が、必ず今後のプラスになっていくはずです。それがきっとあなたの輝ける明日へと繋ぐ架け橋になってくれることでしょう。

「さいだいのめいよはたおれない
ことではない。たおれるたびに
おきあがることである」

最大の名誉は倒れないことではない。倒れるたびに起き上がることである

勇気を出して！

行動することから始めよう。


失敗することばかり恐れ、何も始められない人がいます。

何か新しく物事を始めようと思ったら、それが成功するかどうかを考えるのは当然のことです。でも考えすぎるあまり行動できなくなってしまっては、成功できるものもできなくなってしまいますよね。

「絶対」などというものは存在しません。ほんの些細なことが原因で、盤石だと思っていた計画が失敗してしまうこともあります。あるいは、破れかぶれで行ったことが、まさか

の大成功を遂げるということもあります。たとえ一回失敗したとしても、次の機会では成功するかもしれない。「いつ」成功するかは誰にもわからないのです。

だからこそブッダは、大切なのは挑戦し続けることだと説いています。頭の中で考えてばかりいるのではなく、「何度、失敗してもいいんだ」という気持ちで、まずは行動してみましょう。思わぬところからヒントが見つかり、成功への道が見えてくるかもしれませんよ。

一切衆生悉有仏性
【いっさいしゅじょうしつうぶっしょう】

誰にでも、無限の可能性がある。

「仏性《ぶっしょう》」とは、悟りの境地を開く可能性のことです。「一切衆生《いっさいしゅじょう》」はどんな人でも、という意味。つまり、どんな人でもブッダと同じ、悟りの境地に立つ可能性や素質を持っているのです。ところが普通の人が悟りを開けないのは、欲望が悟りへの道を邪魔しているからだとブッダは説いています。

人はみんな、ダイヤモンドの原石にたとえることができるでしょう。光り輝く可能性を、誰もが持っています。にもかかわらずダイヤが光っていないのは、チリや汚れがついているから。曇りの原因は人それぞれですが、原因を取り除くことさえできれば本来持つ輝きを取り戻すことができるでしょう。

しかし曇りを取る方法もまたそれぞれ。それぞれの問題を見つけ出し、それに合った解決方法を探さなければなりません。そのためには、「自分の心と向き合うこと」から逃げてはいけません。どんなに辛く、苦しくても磨き続ける努力を続けましょう。あなたには無限の可能性があるのですから。

［ありがたし］

有り難し

「ありがとう」の気持ち、
忘れずに。

感謝の気持ちを表す「ありがとう」。実はこれもブッダの言葉です。「ありがとう」は「有り難し」から来たもの。「人の生を受くるは難《かた》く、死すべきものの、生命あるも有り難し」が元になっています。「人として生まれ、生涯を送るのはきわめてまれなこと。必ず死に向かうこの命が今あることは喜ぶべきこと」という意味です。

もっとわかりやすく言えば、「命の尊さに感謝して、精一杯生きよう」ということでしょうか。あなたに連なる祖父母や父母の誰かひとりでも欠けたら、あなたが誕生しなかったと考えると、この世に生まれてきたこと自体が奇跡ですよね。そして今生きているのも、数えきれないほどの命によって生かされているということを忘れてはいけません。

なんでも「当たり前」と思わず、感謝して生きていきましょう。そして「ありがとう」と、素直な気持ちを表したいものですね。

莫妄想

［まくもうそう］

どんな問題も「なんとかなる」。

「莫《まく》妄想《もうそう》」とは、その言葉のとおり「妄想することなかれ！」という意味です。妄想とは、考えても仕方がないことをあれこれ考えたり、どうにもならないことをクヨクヨと思い悩むことを言います。

　チャレンジする前に「失敗したらどうしよう」、「うまくいかないんじゃないか」と悩んでしまうこと、ありますよね。しかし結果ばかりに気をとられ、アクションを起こさなければ何も始まりません。さらにあれこれ考えすぎて雑念にとらわれて

いると集中力をなくし、かえって失敗してしまうこともあるのです。
とはいえ、妄想をやめるのは難しいもの。ではどうすればいいのかというと、実は簡単な方法があります。それは過去のことは思い切って忘れ、未来のことは「なるようになる」と思うようにすることです。もし問題が起きてしまったら、その時はその時。やるべきことをまたすればいいのです。解決できそうにもない問題も、実際は大したことない。そんなこともままあることですよ。

「じげんにてしゅじょうをみれば　ふくじゅのうみはむりょうなり」

慈眼視衆生 福聚海無量

やさしい心で、接してみよう。

ブッダの眼は、常に半分閉じた状態で描かれています。これは半分閉じた眼で、常に反省をしているからだと言われています。

では開いたもう半分の眼は何を見ているのでしょうか。

ブッダの眼は「慈眼視衆生《じげんじしゅじょう》」といって、いつもやさしく、思いやりのある眼で生きとし生けるもののすべてを見ています。「福聚海無量《ふくじゅかいむりょう》」は、そのような心を持った人の下には、海のように限りなく福が集まってくるという意味です。

なんでも悪く見てしまう人、やさしい気持ちで人と接することができない人がいます。そんな「自分だけが良ければ良い」という人の下には、福どころか誰も寄り付かなくなってしまうでしょう。

しかし慈悲の心で他人を見れば、「あの人のために何かしたい」という気持ちになってきます。そんな誰かのために行動することができるあなたの下には多くの人が集まり、それが大きな福を呼ぶことになるのです。

【いろかたちはじこではない】

色かたちは自己ではない

生まれ持ったものに、
振り回されない。

はじめまして
こんにちは

「色かたち」とは、生まれ持ったモノのことを意味します。たとえば美人かそうでないかとか、家柄が良いか悪いかなどです。自分ではどうしようもないことなのに、何とかしたいと心を悩ませている方も多いでしょう。

どんなものにも、それぞれの色やかたちがあります。ひとつとして同じものなどありません。ですから「それぞれの良さがある」とか、「個性的ですばらしい」と思えばいいのですが、多くの人は色やかたちの良し悪しを考え、「これは価値がある」とか、「これは良くない」と判断してしまうのです。

その結果、人は「これは価値があるから失いたくない」とか、「これは価値がないからなんとか変化させたい」という「執着」を抱くようになります。自分が生んだ思い込みが自分の心を乱し、苦しめてしまう。色かたちに踊らされ、人生を自ら苦しみが多いものに変えてしまっているのです。そんな人生は嫌ですよね。生まれ持ったものに振り回されることなく生きるようにしましょう。

「ねむれぬひとにはよるはながく、つかれたひとにはいちりはとおい」

眠れぬ人には夜は長く、疲れた人には一里は遠い

退屈や苦痛から抜け出すには、自分の心を変えてみよう。

ふとんに入って「おやすみなさい」。気持ち良く寝られた日は、あっという間に朝が来ますよね。しかし、「眠れないな」と何度も寝返りをうつ夜ならどうでしょう。「まだこんな時間……」何度見ても、時計の針は遅々として進まず、いつまでも朝が来そうにありません。

いつも歩いている道も同じ。元気なときは近くに感じるかもしれません。しかし疲れたときは、慣れ親しんだ道が二倍にも、三倍にも遠く感じられてしまうものです。

物事の感じ方は、いつも同じではありません。感じる人の心次第で、どのようにも変わってしまいます。もしもあなたが別の感じ方を望むなら、物事そのものを変えようとするのではなく、自分の心を変えること。これが一番の近道です。

仕事や勉強、人間関係など、「嫌だな」とか、「つまらないな」と思うことがあるかもしれません。でもそれを決めているのは、あなた自身の心。いつだって変えることができるということを、忘れないでください。

求不得苦

[ぐふとくく]

求めても手に入らない苦しみと、しっかり向き合おう。

1コマ目
ふぐ:「にいちがに にんがし にさんがろく」

2コマ目
ふぐ:「にしがはち にごじゅう にろくじゅうに」

3コマ目
たこ:「何やってるの?」

4コマ目
ふぐ:「ふぐとくく です。」
たこ:「ふーん」

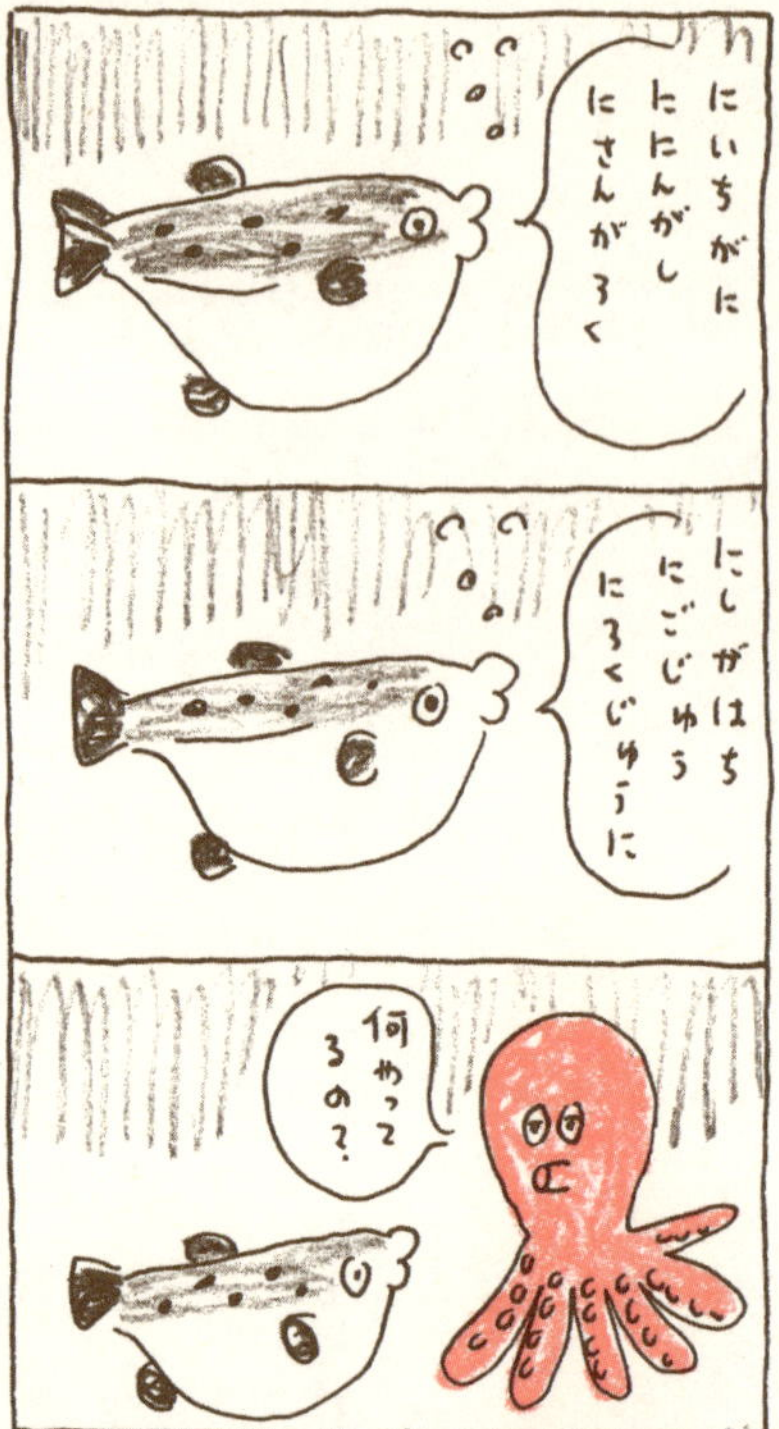

「求《ぐ》不得苦《ふとくく》」

とは、求めているのに得られないことが原因で生じる苦しみのことです。人生において思うようにいかない苦しみのことを「四苦八苦《しくはっく》」と言いますが、求不得苦はこの八苦の中のひとつです。

生きることはどうしようもなく苦しいもの。にもかかわらず誰もが「死」を恐れ、「老い」や「病」を避けようとします。しかしこの願いは決して実現しないものです。人生にはそんな、自分ではどうしようもないことも存在します。

もちろん、努力次第で手に入るモノもあります。でもだからこそ、私たちは「手に入るモノ」と「手に入らないモノ」の違いがわからなくなってしまうのです。どうしても欲しい。でもどんなに努力しても絶対に手に入らない。そんな状況が続くのは苦しいもの。だからといって「苦しい」、「辛い」と思うばかりではどうしようもありません。時には恋焦がれる自分の内面と向き合うことで、手が届かない事実を受け入れることも必要ですよ。

一切行苦

「いっさいぎょうく」

どんなに逃げても、
苦しみからは逃れられない。

「一《いっ》切行苦《さいぎょうく》」ではなく、「一切皆苦《いっさいかいく》」とも記されるこの言葉。この世界のすべてが結局は、「苦」であるということを意味しています。

ひと言で「苦」と言っても、さまざまな苦しみがあるでしょう。肉体的に与えられる苦しみや、精神的に与えられる苦しみ。あなたはいつもそればかりを気にして、何とか苦しみから逃れようとしています。

しかしブッダは、「楽しい」という状態でさえも「苦」であると言います。

苦しみから開放され、どんなに楽しいと思えるような状態であっても、必ずいつか終わりが来ます。失う苦しみは、どんな苦しみにも勝るでしょう。だからこそ、世の中のすべてが「苦」であるとブッダは言うのです。

すべてが「苦」であると考えることができれば、苦しみから逃れたいと思うこともなくなり、どんなことが起きても動じることのない、平穏な心を手に入れることができるでしょう。

七章

番外編

弟子たちの言葉。

【どうぎょうににん】

同行二人

あなたは決して、一人じゃない。

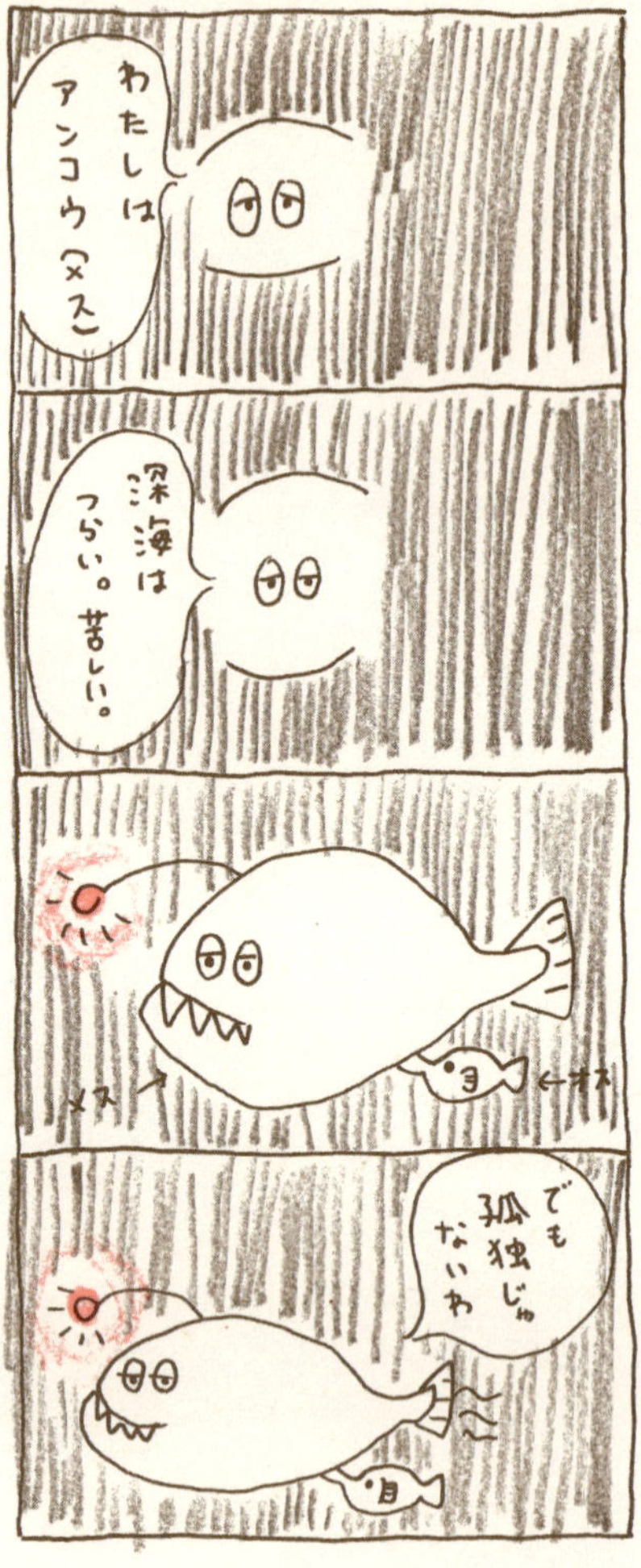
わたしは アンコウ(メス)
深海は つらい。苦しい。
メス→
←オス
でも 孤独じゃ ないわ

辛いことや苦しいことがあったとき、私たちはつい「自分はひとりぼっちだ」と思いがち。でも本当にそうでしょうか。

四国八十八箇所のお寺を巡るお遍路《へんろ》さん。その笠には大きく「同行二人《どうぎょうににん》」と書かれています。これは真言宗《しんごんしゅう》の開祖であり、その業績により死後の九二一年、醍醐《だいご》天皇から弘法大師《こうぼうだいし》という諡号《しごう》を賜った空海上人《くうかいしょうにん》と同行しているということを意味しています。歩くと一箇月以上かかるという辛い道のりも、お遍路さんは弘法大師の助けを借りることで歩き続けることができるのです。

私たちの人生には、辛いことや苦しいことがたくさんあります。だからつい、くじけそうになることもあるでしょう。ですがそんなときこそ、あなたは決して一人ではないということを思い出してください。家族、友人、恋人……あなたが心から愛し、信頼している人を思えば、孤独だなんて考えはすっと消え去り、また前へと歩き出す力が湧いてくるはずです。

人皆己の得たる所
一つ有るもの也

「ひとみなおのおののえたるところ
ひとつあるものなり」

取り柄がない人なんていない。

この言葉を言ったのは、沢庵漬けの生みの親とも言われている沢庵《たくあん》宗彭《そうほう》。数多くの説法を遺し、多くの人から慕われました。

「私には、長所なんて何もない」。そう言って自分を卑下してしまう人がいます。しかし、それはとんでもない間違いです。人は誰もが長所と、それを発揮するための使命を持って生まれてきています。あなたが短所だと思っていることも、もしかしたらそれが長所に変わるような使命が用意されているかもしれません。そう思いながら、もう一度自分を見つめなおしてみてください。

同じことは、誰にでも言えることです。私たちはつい相手の短所を見てその人を判断し、遠ざけてしまいがち。でも相手の短所だと思うところばかりに目を向けるのではなく、それを生かすためにはどうすればいいかを考えましょう。そうすればきっと、誰からも慕われるようになるばかりか、どうすればあなた自身の短所を長所に変えることができるのかもわかるはずです。

「さいかどんのものもじゅうにねんを
へればかならずいちげんをう」

最下鈍の者も十二年を経れば必ず一験を得

人生は積み重ね。

「私」には何の才能もないから」。そう言って、初めから何もかも諦めてしまう人がいます。

何かを成し遂げるには、並々ならぬ努力が必要になります。ですが努力は辛いもの。ついくじけてしまいそうになるのもやむを得ません。ですがそんなときこそ、この言葉を思い出してください。

この言葉は天台宗《てんだいしゅう》の開祖・最澄《さいちょう》の言葉です。「どんなに才能がなく、愚かな者であっても、十二年一つのことをひたむきにがんばり続けれ

ば、必ず秀でたものを掴《つか》み取ることができる」という意味です。「最下《さいか》鈍《どん》」とは最澄自身のこと、「十二年」とは最澄が比叡山にこもった歳月のことを指しています。

生まれ持ったものに慢心した人は、努力することを忘れてしまいがち。その結果、楽をすることばかり考え、進歩の歩みを止めてしまいます。スタート地点は関係ありません。将来のため一歩ずつでも、着実に歩みを進める努力を欠かさない人。そんな人が成功するのでしょう。

「あたかもよし」

恰好

「今日もすばらしい一日だった」と言ってみよう。

生きるということはとても辛いこと。あらゆる苦しみや悲しみに、私たちは耐えていかなければなりません。中国の僧侶・趙州従諗《じょうしゅうじゅうしん》は人生に悩み、苦しむ人の相談に対して「恰《あたか》も好《よ》し」と答えました。「悲しみや苦しみから逃れることを考えるのではなく、そのすべてを受け入れる」という意味です。

どんなに辛いことがあっても、それを振り返って後悔したり、思い悩むことはもうやめましょう。それよりも、その日「すばらしいこと」がいくつあったかを考えるようにするのです。はじめはいくつも見つからないかもしれません。ですがそれが習慣となれば、最悪だとしか思えないような一日でも、すばらしいことだと思える何かが、見つけられるはずです。

「恰好《かっこう》が良い」という言葉は、何も姿かたちが良いという意味ではありません。何が起きてもそのすべてを受け入れる、その姿勢のことを言うのでしょう。そんなふうにすべてを受け入れる心の強さを身につけたいですね。

「かっきょうふしょう」

割鏡不照

反省ばかりでは
前に進めないよ。

この言葉は、華厳寺《けごんじ》の宝智大師《ほうちだいし》が言った言葉です。

世の中には何を言われても動じない人もいれば、ちょっとしたことを言われただけでも、深く傷ついてしまう人がいます。あなたが普段言っていることを考えてみてください。誰かの失敗に対し、何気ないつもりで言った言葉が、誰かの心を深く傷つけてしまってはいませんか？

一度割れてしまった鏡は、元に戻ることはありません。それと同じように、一度心につけてしまった傷は、もう二度となかったことにはできません。だから「ただ失敗を注意するのではなく、相手がその能力を最大限発揮できるように、かけてあげる言葉をよく選ぶべきだ」と、宝智大師は説いているのです。

またこの言葉は、失敗だけでなく、成功したときにも言えることです。いつまでも過去の栄光に浸っていても仕方がありません。それよりもより輝かしい未来のためにどうすればいいかを考え、行動しましょう。

一大事今日只今心

【いちだいじとは
こんにちただいまのこころなり】

今を精一杯生きる。

私たちの人生はあまりに長く、とくに辛いときは将来を考え、途方に暮れてしまうことがあります。そんなときは、江戸時代の臨《りん》済《ざい》宗《しゅう》僧《そう》侶《りょ》・道《どう》鏡《きょう》彗《え》端《たん》(正《しょう》受《じゅ》老《ろう》人《じん》)が言った、この言葉を思い出してください。これは「人生において一番大切なのは、今日ただいまの心である」という意味です。この先の人生、苦しいこともあれば、楽しいこともあるでしょう。しかし、そのつど心乱されていては、心安らかな人生を送ることはできません。だから「今日

一日だけのこと」と思えと、説いているのです。

どんなに苦しいことも、今日一日だけだと思えば耐えられるでしょう。どんなに楽しいことも、今日一日だけだと思えば、夢中になりすぎて周りが見えなくなることもなくなります。そうしていれば、毎日があっという間に過ぎていくでしょう。

未来は自ずと来るもの。考えすぎは禁物です。それよりも、今起きていることに冷静に向き合えるように、肩の力を抜いていきましょう。

［ぜんにんなおもておうじょうをとぐ、いわんやあくにんをや］

善人なおもて往生をとぐ、いわんや悪人をや

救いは誰の下にも訪れる。

この言葉は「善人さえ救われるのだから、悪人が救われるのは言うまでもない」という意味です。あれ、これって逆じゃないの？　そんなふうに思ったかたは、注意が必要かもしれません。

ここで言う善人とは、自分が正しいと信じる人のことです。善人は自分が正しいと信じることを行い、そんな「正しいことをしている自分」は、いつか報《むく》われるはずだという見返りを求める心が見え隠れしています。だから「善人ではなく、むしろ悪人が救われるべきだ」と聞くと、納得がいかないのでしょう。一方悪人とは、自分が罪深いと信じる人のことです。悪人は自らの行為を恥じ、常に反省の心を忘れません。だからこそいつも謙虚でいることができ、どんな行為に対しても見返りを求めることはありません。

浄土真宗《じょうどしんしゅう》の開祖・親鸞《しんらん》は、「阿弥陀仏《あみだぶつ》による救済は、行為ではなく謙虚な心を持つ者にこそ与えられるものである」と説いているのです。

「ひとのさほうをえらび、
わがみぶさほうのこと」

人の作法を選び、
わが身無作法の事

どんな意見でも聞き入れる、
謙虚さを持とう。

臨済宗の僧侶である至道無難《しどうむなん》が仏教の教えを記した、『即心記《そくしんき》』という仮名《かな》法語《ほうご》があります。この言葉は「人つねにあやまること」という文に記されている、人が誤りやすい十のことの一つです。

どんなに的を射た指摘でも、それを言ってきた本人にも言えることだったら、何だか納得がいかないですよね。私たちは誰かの欠点を見ると、ついそれを指摘してしまいがち。ですが、それを言う相手からも同じように見られているということを忘れてはいけません。人に注意するのなら、まずはそれが自分にも当てはまらないか考えなければなりません。

とはいえどんな人から出た指摘でも、それが的を射たものであれば素直に認める余裕も必要です。「あの人が言ったことだから」と拒否していては、自らの成長のチャンスを潰してしまうことになりかねません。

何かを注意するときも、注意されたときも、謙虚であり続けましょう。

知って聞くは愛なり

【しってきくはあいなり】

どんな話にも、うなずいてあげる優しさ。

「あれ、この答え、知っている」そんなときどうしますか？

誰かが何かを話そうとしているのに、それを遮ってしまう。すると相手はそれを見て、「この人は話を聞かない人だ」なんて思ってしまいます。するとその人はコミュニケーションそのものを避けるようになってしまうかもしれません。

また、答えが同じだからといって、すべての話が同じだというわけではありません。答えにたどり着くまでの話し方、自分とは異なる視点で見

た話など、結論は同じでも、新しい発見があったということも珍しくありません。つまり話を聞く前から決めつけ、聞こうともしない傲慢さは、人を遠ざけるばかりか、あなたの成長の機会すら奪いかねないのです。

　この言葉を言った曹洞宗《そうとうしゅう》の僧侶・月舟宗胡《げっしゅうそうこ》は、〝中興の祖〟とまで呼ばれた人です。どんな話にも親身になって耳を傾ける月舟の下には、多くの弟子たちが集い、月舟のための力になろうとしました。これも人徳の力ですね。

「あしたにはこうがんありて　ゆうべにははっこつとなれるみなり」

朝には紅顔ありて
夕べには白骨となれる身なり

あなたに与えられた、
限りある命。

この言葉を言ったのは室町時代の浄土真宗《じょうどしんしゅう》の僧侶・蓮如上人《れんにょしょうにん》。「白骨の章」と呼ばれる文章の一部であり、浄土真宗ではとくに有名な文言として知られています。蓮如上人はこの言葉から、この世の儚《はかな》さを説いています。

命は儚いものです。老若男女にかかわらず、死は突然訪れて、何もかも私たちから奪ってしまいます。どんな人でも例外はありません。だからこそ、なすべきことは今すぐしておきましょうと、蓮如上人は言います。

私たちは今この瞬間が、いつまでも続くものだと信じています。しかし未来に何が起こるかは、誰にもわかりません。後悔することがないように、毎日を一生懸命生きていかなければなりません。それはあなたの周りの人も同じ。手を握ったその感触が、いつまでも同じものとは限らないのです。

あなたが今、なすべきことは何ですか？　胸に手を当てて考えてみてください。そして今できることを、精一杯やっていきましょう。

【ともにこれぼんぷのみ】

共に是れ凡夫のみ

〝自分が正しい〟という
思い込みを捨てよう。

お

互いに譲れないことがあったとき、あなたはどうしますか？

人は誰もが心のどこかで、自分は正しいと思い込んでしまっています。だからそれを反対されると、ムキになって反発したりするのです。

十七条の憲法を制定した聖徳太子《しょうとくたいし》は、十条においてこの言葉を記しました。冒頭文には「我必ず聖《ひじり》に非《あら》ず。彼必ず愚《おろ》かに非ず。」と記されています。これはどちらが正しいというわけでも、どちらが間違っているということでもない。どちらも普通の人であるという意味です。

人にはそれぞれ異なった考えがあります。正解なんてないのに、自分とは違う考えを持っていたからというだけで憤り、どちらが正しいかと争うのはバカバカしい話ですよね。それよりもなぜ相手はそう考えるのか、その理由を想像してみましょう。想像してみたからといって理解できるとは限りません。しかし歩み寄る姿勢があれば、より良い人間関係を築くことができるはずです。

「いちにちなさざれば、いちにちくらわず」

一日作さざれば、一日食らわず

一日一度でいいから、何かをしたと誇れる自分でいよう。

これは中国禅宗の高僧、百丈懐《ひゃくじょうえ》海《かい》の言葉です。この言葉だけ聞くと、「働かざる者食うべからず」と同じ意味なのかな、と思われがちですが、実はそうではありません。

中国の禅宗では畑仕事や水くみ、掃除、薪《まき》割りなど、日常の仕事を作《さ》務《む》といい、坐禅や読経などと同じように、大切な修行の一つでした。

しかし、高齢になると作務は大変な仕事です。ある日健康を気遣った弟子たちが、師匠に休んでもらおうと作務に必要な道具を隠し、作務が

できないようにしてしまいました。これでは百丈禅《ぜん》師《じ》もその日の作務は休むしかありません。弟子たちははじめ、休んでもらえたことを素直に喜んでいました。しかし百丈禅師はその日、一切食事を口にしませんでした。困惑した弟子たちは食事をとるよう懇願しました。しかし百丈禅師は耳を貸さず「一日作さざれば、一日食らわず」と答えたのです。

作務は修行であり、それを怠ることは食事をするに値しないと、自らを厳しく律したのです。

［え（お）んりえど　ごんぐじょうど］

厭離穢土欣求浄土

あなたが動けば世界が動き出す。

「穢《え》土《ど》」

「穢《え》土《ど》」とは、私たちが生きているこの世の中を指します。この世はさまざまな欲望が渦巻く穢《けが》れた土地。でも自分の欲望を捨て、穢れのない「浄土」を目指す者は、仏の加護が得られるという意味です。天台宗《てんだいしゅう》の僧侶である源信《げんしん》がまとめた『往生要集《おうじょうようしゅう》』という仏教書にこの言葉はあり、徳川家康が桶狭間《おけはざま》の戦いに敗れ、自害するところを思い留まらせたことでも知られています。

「不満を言ってばかりで何もしない人」、「自分のことしか考えられない人」。そんな人の下には、誰も集まってきません。この世の中を自分のためではなく、みんなのために良くするにはどうすれば良いのか考えましょう。

一人の力では、できることも限られると思うかもしれません。でも小さなことからでも、まずあなたが動き出せば、それを見た周りの人たちがあなたの力になってくれるでしょう。そうすれば小さな力もいずれ、この世の中を変えることさえできるような、大きな力になるでしょう。

「なこかこれ　せいていならざる」

那箇か是れ
精底ならざる

出会いを遠ざけないで。

中国の禅僧・盤山宝積《ばんざんほうしゃく》は、肉屋の前で悟りを開いたというちょっと変わったエピソードを持ちます。そのときの言葉が「那《な》箇《こ》か是《こ》れ精底《せいてい》ならざる（どこに悪いものがあるというのか）」。この言葉、実は「良い肉はないか」と尋ねた客に、腹を立てた肉屋の言葉が基であると言われています。

私たちは自分の好みで物事を判断し、価値を決めつけてしまいます。ですが、どんなものでもすばらしい価値を持っているのだと盤山は説いています。

初対面の相手と出会ったとき、相手がどんな相手かわからないからと言って、遠ざけてしまってはいませんか？　ですがそんなふうに選り好みしていては、いつまでたっても信頼できる友人と出会えませんよ。

どんな人でも等しく「良いところ」と「悪いところ」を持っているものです。だからこそまずは付き合ってみる。その一歩の勇気が必要です。思いもよらない人が、あなたの生涯の友人となるかもしれないですよ。

BOOK STAFF

イラスト
風間勇人

デザイン
山口喜秀（G.B. Design House）
酒井由加里（G.B. Design House）

DTP
徳本育民（G.B. Design House）

執筆
北浦希、目片雅絵、横山渉

構成・編集
山田容子（G.B.）
中村幸真（G.B.）

参考文献

『超訳　ブッダの言葉』
著／小池龍之介（ディスカヴァー・トゥエンティワン）
『超訳　仏陀の言葉』
著／白取春彦（幻冬舎）
『ブッダの言葉』（角川学芸出版）
著／瓜生中
『＜超訳＞心から安らぐ仏教の言葉』
著／本郷陽二（中央公論新社）
『仏教の智恵　心の智恵』
編著／花山勝友（PHP 研究所）
『「いいこと」がいっぱい起こる！　ブッダの言葉』
著／植西聰（三笠書房）

※その他、数多くの文献を参考にさせていただきました。

著者

サダマシック・コンサーレ

東京都千代田区近辺で、女性のお悩み相談を生業とするカウンセラー。
著者に『イラスト図解　心があたたまる禅の言葉』（宝島社）がある。

イラスト図解

気持ちがスッと軽くなる ブッダの言葉

2014年8月23日　第1刷発行
2021年11月16日　第3刷発行

著者　サダマシック・コンサーレ

発行人　蓮見清一
発行所　株式会社 宝島社
〒102-8388
東京都千代田区一番町25番地
電話　営業：03-3234-4621
　　　編集：03-3239-0928
https://tkj.jp
振替　00170-1-170829 ㈱宝島社

印刷・製本　サンケイ総合印刷株式会社

ISBN 978-4-8002-2969-4